KB201042

비트코인만 알고
블록체인은
모르는 당신에게

비트코인만 알고 블록체인은 모르는 당신에게

투자와 기술의 완벽 조합
블록체인 실전 가이드

서울대학교 블록체인학회
디사이퍼 지음

BLOCK CHAIN

추천사

블록체인은 단순한 기술을 넘어 탈중앙화를 통한 신뢰의 새로운 패러다임을
제시합니다. 그러나 코인 투자 수단으로 악용하는 사람들로 인해 블록체인은 종종
불공정 거래, 시세 조종, 자금 세탁 등으로 본질적 가치를 잃어왔습니다.
이 책은 블록체인의 근본적인 철학과 가능성을 독자들에게 전달하며, 블록체인이
어떻게 신뢰 혁명을 이끌어낼 수 있는지를 명확하게 설명합니다. 블록체인 생태계의
투명하고 건전한 발전에 기여하고자 하는 코다의 대표로서, '신뢰 혁명'이라는
단어에 깊은 감명을 받았습니다.
블록체인 기술의 상용화를 위해 힘쓰는 디사이퍼가 출판한 이 도서는 국내 블록체인
산업에 큰 기여를 할 것이며, 블록체인 사업과 투자를 시작하기 전에 반드시 읽어야
할 필독서라고 생각합니다. 블록체인 기술의 본질을 이해하고 그 가능성을 진지하게
고민하는 모든 이들에게 강력히 추천합니다.

크립토를 누구보다 사랑하는 친구들이 모여 책을 집필했다는 소식을 듣고 설레는
마음으로 이 책을 집어 들었습니다. 왜 블록체인인가?라는 질문은 업계에 있는
사람이라면 쉽게 대답할 수 있어야 하지만, 현실에서는 설득력 있게 답하기 어려운
주제입니다.
이 중요한 질문에 열정적이고 순수한 마음으로 접근한 디사이퍼 구성원들에게
응원의 메시지를 보냅니다. 이 책은 블록체인이 왜 중요한지, 그리고 블록체인이
어떤 방식으로 신뢰의 혁명을 일으킬 수 있는지를 독자들에게 명확히 설명합니다.
또한 탈중앙화, 디파이^{DeFi}, NFT, 거버넌스, 규제 등 다양한 주제를 다루며, 블록체인
기술이 어떻게 실생활에 적용되고 있는지를 실제 사례를 통해 보여줍니다.
이 책을 통해 블록체인이라는 인프라의 진정한 가치가 재평가되기를 기원합니다.

DSRV 김지윤 대표

먼저, 집필하느라 고생하신 국내 최고의 블록체인 학회 디사이퍼 친구들에게 박수를 보냅니다. 이렇게 다양한 섹터가 다뤄진 한국어 자료가 있었던가요? 이 책은 시간과 언어적 한계로 인해 국내 유저들에게는 전달되지 못했던 글로벌 블록체인 생태계의 현실을 Web3 Native의 시선으로 날카롭게 담아냈습니다. 동시에 갈라파고스화되어 가는 한국 업계에도 큰 방향성을 제시해 주리라 생각합니다.

A41 박광성 대표

한국 블록체인 업계의 인재들은 대부분 디사이퍼 출신이라고 해도 무방하다고 생각합니다. 변화하는 세상 속에서 블록체인이 맡을 역할을 함께 고민하고 이를 다시 더 널리 알리려는 디사이퍼 학회원분들, 그리고 저자분들에게 박수를 보냅니다. 지금처럼 앞으로도 디사이퍼가 한국 블록체인 업계의 횃불 같은 존재로 남을 수 있기를 바랍니다.

Haderech 엄지용 대표/ 국민대 소프트웨어융합대학원 겸임교수

디사이퍼 초기 멤버로서, 지금은 멘토로 활동하며 학회원들과 "Why blockchain?"에 대한 고민이 꼭 필요하다는 얘기를 나누곤 했습니다. 문제 해결의 도구로서의 블록체인 기술이, 해결하고자 하는 문제의 정의가 명확하지 않으면 우리가 지금 서 있는 위치도, 앞으로 나아갈 방향도 안갯속에 빠질 것이 자명하기 때문입니다. 그런 차에 이번 출간은 예상치 못한 선물처럼 반갑습니다. 조금씩 다른 배경의 연구자들이 각자의 치열한 고민과 연구 성과를 모아 만든 이 책은 어떤 이에겐 개인적으로 해오던 고민에 대한 공감의 흔적이, 누군가에겐 새로운 시각에서의 통찰력을 제공할 기회가 될 것으로 생각합니다. 매일 같이 쏟아지는 새로운 기술의 홍수 속에 방향 잃은 Web3 항해자들에게 최소한의 이정표를 마련했음에 박수를 보냅니다.

INF CryptoLab 오태완 대표

왜 블록체인이 필요한지 궁금한 사람들에게 꼭 추천해 주고 싶습니다. 국가는 무역을 통해 발전합니다. 이처럼 디지털 플랫폼도 다른 플랫폼과의 무역(거래)을 통해 발전할 수 있습니다. 이 책은 블록체인이 디지털 공간에서 신뢰가 어떻게

만들어지는지, 그 신뢰를 기반으로 어떠한 디지털 혁신을 이끌어낼 수 있는지를
설명해 줍니다. 블록체인이 가져올 미래가 궁금한 분들은 이 책을 정독해 보길
추천합니다.

세이(Sei) Jeff Feng, Co-Founder

*왜 블록체인인가?*라는 질문은 매우 중요한 질문입니다. 이 책은 한국 크립토
학계 및 산업의 밝은 인재들이 공동 집필한 것으로, 크립토 공간에서 새로운 길을
개척하려는 모든 이들이 반드시 스스로에게 던져야 할 질문들을 날카롭게 다룹니다.
The question of Why Blockchain? is an important one. This book, co-authored by
some of the bright minds of Korea's crypto academia and industry, sharply addresses
the points that every aspiring builder in the crypto space should ask themselves.

스토리(Story) Jason Zhao, Co-Founder

이 책은 블록체인이 대중화되는 과정에서 직면할 약속과 도전 과제를 다루며, 과장된
기대와 지나친 회의론 속에서 필요한 분석을 제공합니다.
This book covers the promise and challenges that blockchain will face in reaching
adoption, providing a much-needed analysis that cuts through the noise, both
overhyped and overly cynical.

인젝티브(Injective) Mirza Uddin, Head of Business Development

《비트코인만 알고 블록체인은 모르는 당신에게》는 크립토의 기술적, 철학적 기초를
정교하게 분석하며, 다양한 산업에서 신뢰와 투명성을 혁신할 수 있는 가능성을 심도
있게 이해할 수 있도록 도와줍니다.
This book intricately unpacks both the technical and philosophical underpinnings of
crypto, providing a thorough understanding of its potential to revolutionize trust and
transparency across various sectors.

타이코(Taiko) Terence Lam, Co-Founder/COO

블록체인 기술은 디지털 혁명의 최전선에서 우리가 신뢰, 가치, 그리고 탈중앙화를
바라보는 방식을 새롭게 정의하고 있습니다.

이 책《비트코인만 알고 블록체인은 모르는 당신에게》는 블록체인이 다양한 산업과 사회 전반에 미칠 깊은 영향을 탐색하는 통찰력 있는 안내서입니다.

Blockchain technology stands at the forefront of the digital revolution, redefining how we perceive trust, value, and decentralization in an interconnected world.

This book is an insightful exploration into the profound impacts of blockchain on various industries and society at large.

임정건 엘리시아 대표

책을 읽는 동안 처음 블록체인을 접했을 때의 가치를 잠시 잊고 있었다는 사실을 깨닫고, 다시금 초심을 찾는 계기가 되었습니다.

주변 사람들이 블록체인 공부를 어디서부터 시작해야 할지 종종 물어보곤 합니다. 이제 그들에게 자신 있게 추천할 수 있는 책이 출간되어 매우 기쁩니다.

이용준(네이션) 팩토마인드 최고전략책임자(CSO)

누군가를 신뢰할 수 없는 상황에서 발생하는 사회적 비용은 막대합니다. 그리고 불신으로 인해 마찰 비용을 지불하는 사회는 앞으로 나아갈 수 없습니다. 블록체인의 이상향과 기술에 담긴 철학을 이해하면, 블록체인을 통해 나아질 사회의 모습을 엿볼 수 있습니다. 블록체인은 혁신의 도구가 될 수 있을까요? 이 책을 통해 확인해보길 권합니다.

프래스토랩스 김용진 공동창업자

블록체인은 무한한 가능성을 품고 있는 산업입니다. 비트코인, 이더리움, 그리고 지금 이 순간에도 다양한 블록체인 프로젝트들이 새로운 패러다임을 제시해오고 있습니다. 그러나 이러한 가능성들이 현실로 꽃피기 위해서는 단순한 기술적 혁신을 넘어, 그 기술의 필요성에 대한 깊은 고민이 필수적입니다.

이 책은 블록체인의 기술적 구조와 철학적 배경을 함께 서술하여, 독자가 블록체인 기술의 탄생 배경과 존재 이유에 대해 깊이 고민해 볼 수 있게 안내합니다. 독자 여러분이 블록체인의 본질을 이해하고, 나아가 이 혁신적인 기술이 제시하는 미래에 함께할 수 있기를 기대합니다.

카카오벤처스 장동욱 이사

이 책은 블록체인의 본질을 꿰뚫는 통찰력 있는 안내서입니다. 근간의 기술과 철학을
균형 있게 다루며, 블록체인이 어떻게 신뢰의 새로운 시대를 열어가는지 명쾌하게
설명합니다. 블록체인을 통해 더 좋은 미래를 만들어가고자 하는 생태계 참여자들
뿐만 아니라, 그들이 변화시킬 미래의 모습을 이해하고자 하는 모든 이들에게 강력히
추천합니다.

디사이퍼 소개

서울대학교를 기반으로 한 블록체인 학회 디사이퍼^{Decipher}는 2017년 말 설립 이후
100명 이상의 우수한 학회원들을 배출해 왔다. "기술 개발과 가치 연구를 통한
블록체인 산업의 건전한 성장 기여"라는 미션 아래, 디사이퍼는 오픈 세미나, 특강,
컨퍼런스 개최, 산학 협력 연구, 논문 작성, 보고서 발간 등 다양한 활동을 펼치고
있으며, 최근에는 이더리움 계정 추상화 관련 표준인 ERC-6900에 직접 기여하는 등
명실상부 대한민국 최고의 블록체인 학회로 자리매김하고 있다.

저자 소개

주저자

김해인 (Haein Kim, X : @Hope_web3_)

돌잔치 때 돈을 잡더니 코인을 업으로 삼게 되었다. 블록체인 공부는
철학과 경제가 어우러져 있어 매력적이다. 글을 쓰고 드론을 날리고
건강을 살피며 재미있는 일을 벌인다. 평생 공부하며 사랑하는 마음을
통해 스스로를 확장해가고 싶다. 복잡한 세상 속에서 다정함을 선택하는
사람이 되고 싶다. 블록체인 산업에서 더 많은 동료와 일하고 싶어 출판
프로젝트의 총대를 메었다.

이재욱 (Jaewook Lee, X : @woogieboogie_jl)

변화의 물결 속에서 새로운 지식을 탐구하며, 심도 있게 쌓은 지식이
서로 연결되어 발휘하는 시너지와 그로 인한 새로운 기회를 기대한다.
블록체인 기술이 기존의 신뢰 비용을 획기적으로 낮추어 글로벌 시대에
필수적인, 더 나은 미래 금융 인프라가 될 것이라고 굳게 믿는다.

신성헌 (Seongheon Shin, X : @iam_differ)

토크노믹스 전문가로서, 블록체인과 금융의 결합에 깊은 관심을 가지고
있다. 블록체인이 온 세상을 완전히 바꿀 것이라는 기대는 하지 않지만,
다양한 분야에 영향을 미쳐 세상을 보다 나은 방향으로 이끌어갈
것이라고 믿는다.

부저자

9기 고태건(Taekeon Go, X : @GreenGaguri0)

경험해보지 않은 기술을 빠르게 이해하고 사용할 수 있다. 기술만큼이나
문제 정의가 중요하다고 생각하는 개발자다. 평소에는 사람들과
어우러져 이야기 듣는 것을 좋아한다. 스마트 컨트랙트 뿐 아니라
백엔드, 프론트 엔드, 데이터 엔지니어링 등 다방면의 개발 모두 즐긴다.

6기 장기덕(X : @b_loved_deok)

이심전심의 가치를 믿으며, 자신의 마음이 움직여야 타인의 마음도 움직일 수 있다고 생각한다. 최신 기술 동향을 공부하며, 기술이 사람들에게 도움을 줄 수 있는 방법을 모색한다. 낭만과 이성이 만나는 지점에서 방랑하며, 기술과 인문학적 감성을 결합해 더 나은 세상을 만들기 위해 노력한다. 기술과 마음의 만남이 새로운 가능성을 열어, 사람들에게 긍정적인 변화를 불러올 것이라는 믿음을 품고 있다.

6기 정재환(Jay Jeong, X : @JayLovesPotato)

수학과 데이터 분석, 계량경제를 통한 모델링 연구에 관심이 많았으나 블록체인 산업이 가진 철학과 비전에 매료되어 블록체인 리서처 겸 프로토콜 스페셜리스트로 활동하고 있다. 밸리데이터 기업 A41에서 거버넌스 리드를 역임했으며, 이후 블록체인 산업에 만연한 정보의 비대칭성과 불균형 문제를 해결하고자 아시아 최대 리서치 미디어 회사인 포필러스(Four Pillars)를 공동창업하였다.

7기 조민규(Aaron Jo, X : @0xXcrypted)

조민규는 블록체인으로 개발을 시작한 엔지니어로, 디파이가 금융활동의 진입 장벽을 낮추어 실생활에 혁신을 가져올 잠재력에 큰 기대를 갖고 있다. 그는 블록체인을 활용해 다양한 분야에 실제로 적용 가능한 방안을 모색하고 있다.

8기 장혁수(Hudson Jang, X : @r2jamong)

10년간 전통 IT 산업에서 개발자로 경력을 쌓았다. "신뢰가 필요 없는 시스템"이라는 가치에 매료된 그는, 블록체인 업계로 넘어온 지 2년 만에 세계에서 가장 많은 이더리움 밸리데이터를 운영하는 엔지니어 중 한 명이 되었다.

8기 고준호(John Ko)

블록체인 기술과 암호화폐가 기존 산업과 융합되어 만들어내는 다양한 창의적 응용과 효용성에 깊은 관심이 있다. 특히, 암호화폐, 스마트 컨트랙트, 사용자 경험(UX) 등 사용자와 직접 맞닿아 있는 서비스 구성 요소 전반에 대한 폭넓은 관심을 바탕으로 실제 적용 가능한 서비스를 만드는 데 주력하고 있다.

9기 이건희(Geonhui Lee)

비트코인 백서를 읽으며 기존 시스템의 한계를 처음으로 인식했다. 기존 기술이 만들어낸 신뢰 체계를 존중하면서도, 이제는 완전히 새로운 대안을 실현할 수 있는 시대가 열렸다고 믿는다. 블록체인은 신뢰를 유지하는 비용을 혁신적으로 낮추고, 누구나 동등한 조건에서 참여할 수 있는 경제 모델을 제시한다. 나는 이 변화의 흐름 속에서 함께 고민하고 실험하며, 더 나은 미래를 설계하고자 한다. 기술은 언제나 새로운 질서를 만들어 왔으며, 이제 우리는 신뢰를 강요하는 시스템에서 신뢰가 내재된 시스템으로 전환하는 중요한 변곡점에 서 있다.

9기 김응철(EungCheol Kim, X : @Do_whatilove)

법률과 사회 질서를 수호하는 길을 선택했지만, 창업의 기회를 찾아 법률과 제도가 정비 중인 블록체인 업계에 뛰어든 변호사.

9기 정예찬(Yechan Jeong, X : @yechan99)

서울대학교에서 경제학, 수리과학, 계산과학을 전공하는 학부생으로, DeFi와 온체인 데이터에 큰 관심을 두고 있다. 블록체인의 투명성과 개방성이 시장의 정보 비대칭을 완화하고 효율성을 제고한다고 믿는다.

10기 하서빈(Seobin Ha, X : @bina_seo)

건강하게 잘 사는 삶(Well-being)에 몰두하고 있다. 좋은 식재료를 먹는 즐거움, 웨이트와 밤 러닝을 사랑한다. 5년 후에 이 책을 다시 펼쳐볼 때 블록체인 업계는 어떻게 달라져 있을까? 매우 기대된다.

"코인해요."

한창 시장이 뜨거웠을 때, 사람들은 "코인한다"는 말만 들어도 차트와 투자 이야기를 떠올렸다. 매일 오후가 되면 휴대폰 화면 속 오르고 내리는 그래프에 일희일비했다. 하지만 잠시 그 열풍 뒤를 돌아보면, 애초에 '비트코인'이 주목받은 근본 이유는 투기적 욕망만이 아니었다. 비트코인이 촉발한 것은 기존 신뢰 체계를 재편하겠다는 파격적 발상이었고, 이는 곧 '신뢰혁명'이라는 새로운 패러다임으로 이어진다.

당신에게는 믿을만한 사람이 있는가? 가족, 연인, 친구, 지인, 친척, 이웃, 직장 동료, 거래처, 중고거래 판매자 그리고 자기 자신. 어떤 거래 성사나 관계의 유지에는 신뢰가 결정적 영향을 끼친다. 일부 관계는 적당한 신뢰만으로도 유지된다.

인간 사회의 신뢰 체계는 경계 구축과 확장의 반복으로 성장해 왔다. 생존을 위해 그룹 형성과 협력이 시작된다. 함께 사냥하고 공평하게 분배하며 불필요한 갈등을 피했다. 자원을 공유하고 경쟁 상황에서 협력하며 내부 그룹의 신뢰를 형성한다. 도시나 국가 단위로 공동체가 성장하면 내집단과 외집단을 구분하며 타 조직을 경계하게 되지만 폐쇄적인 조직은 한계가 있다. 생물학적으로도 유전적 다양성이 감소하면 질병 저항성 한계가 드러나고, 문화적으로도 지식과 경험을 공유해야 발전이 촉진되는 것을 인류는 경험으로 알고 있다. 나의 조직을 외부 조직과 구분하면서도 필요한 자원을 받아들이고 내보내는 신뢰의 확장은 인류의 번영을 위해 필수불가결해졌다. 더 나아가 개인이 모든 타인을 검증하고 신뢰하지 않아도 교류하고 생존할 수 있도록 효율적인 신뢰의 룰과 시스템이 구축됐다.

신뢰가 태동하는 순간을 떠올려보자. 비싼 가격과 명성 있는 브랜드는 선택에 믿음을 주고, 신념의 일치는 대상을 의지할 수 있게 한다. 상황에 맞는 옷차림과 명확한 발음, 안정적인 목소리, 예측 가능한 범위 내의 행동, 존중과 소통, 뱉은 말을 지키는 신의. 능력 있는 리더의 이전 성공 경험, 소수의 우등생만 들어갈 수 있는 우수한 학교의 졸업장, 전문성을 증명하는 자격증, 내가 이미 믿고 있는 사람의 추천, 중고거래 플랫폼 프로필에 표기된 거래 온도, 믿음직한 중개자의 검수나 거래 개입, 상호 간의 손실을 피하기 위한 계약서, 법의 규제와 보호… 당연한 수순으로 신뢰를 위임받거나 판결하는 주체에 돈과 시간이 몰리게 된다.

그러나 신뢰와 믿음은 합리적으로 구축되는가? 때로 신뢰는 너무나 개인적인 이유로 형성되거나 깨어진다. '2년 전 제주도 여행이 너무 좋았기 때문에, 분명 올해 8월 제주도에 가도 행복할 것이다.' '그 친구는 내가 10년 동안 봐왔는데 그럴 사람이 아니다'…인간의 인과 연관의 오류나 인지부조화 현상은 행동경제학 이론에서 잘 설명하고 있다. 개인적인 판단 오류가 아니더라도 신뢰는 다양한 외부 변인으로 인해 '그때는 맞고 지금은 틀리게' 된다. 인류는 그동안 신뢰를 계량화하고 구조적으로 안정화하기 위한 노력을 계속해 왔지만, 중앙화된 주체에게 신뢰의 권한을 위임하면 통제와 조작과 부패가 가능해지기에, 우리는 결국 서로를 완전하게 믿을 수 없다.

블록체인은 신뢰의 전제를 바꾸는 신뢰 혁명이다. 만 년 전 '농업 혁명'으로 정착 생활과 생산력 증가를 이뤘고, 18세기 증기기관과 기계화 생산 방식의 도입으로 공업 사회로의 전환이 가능해졌다(산업 혁명). 19세기 통신과 전기의 발전으로 세계는 연결되었고 20세기 컴퓨터와 인터넷, 디지털 기술 혁신으로 인류의 삶은 달라졌다.

수많은 노드가 거래 기록을 공유하고, 합의 알고리즘이 매 순간 '데이터의 무결성'을 증명해냄으로써 블록체인은 '무신뢰trustless'가 오히려 '새로운 형태의 신뢰trust'를 만들었다. 이는 전 세계 누구나 사용할 수 있는 개방형 금융, 디지털 자산, NFT, 그리고 탈중앙화 조직DAO으로 실현되며, 금융부터 문화·예술까지 광범위한 영역을 흔들고 있다.

물론 시장의 과열과 거품, 사건·사고로 인해 블록체인과 암호화폐에 대한 부정적 시각도 존재한다. 하지만 '코인만 잔뜩 사는 투자판' 정도로 치부하기에는 이 기술이 던지는 철학적, 경제적 함의가 결코 작지 않다. 신뢰를 만드는 비용을 획기적으로 줄이는 '무신뢰' 구조가, 과연 어떻게 기존 시스템을 바꿀 수 있을까? 그래서 우리는 "Why Blockchain?"이라는 질문에서 출발한다.

이 책은 이러한 '신뢰혁명'의 서막을 담고자 한다. 블록체인 기술의 탄생 배경과 메커니즘부터, 블록체인을 둘러싼 거버넌스와 규제, 그리고 암호화폐·NFT·디파이DeFi·RWA 등 다채로운 활용 사례까지 두루 살펴보려 한다. 기술 용어만 가득한 딱딱한 텍스트가 아니라, 누구나 공감할 수 있는 신뢰와 혁신의 이야기가 되길 바란다.

이제 과연 이 '신뢰혁명'이 어떤 풍경을 그려낼지, 함께 펼쳐보겠다. 그리고 당신도 책을 덮을 때쯤, "왜 블록체인인가?"라는 질문에 스스로 답을 찾아보길 바란다.

— 출판 프로젝트 팀장 김해인
디사이퍼 전 학회장 안수찬, 김상엽

Part I

블록체인
기초 다지기

1장

블록체인,
왜 필요한가?

'코인한다'에 담긴 오해와 진실

IT 업계에는 '판교 사투리'라는 말이 있다. 스타트업에서 흔히 쓰이는 영어 용어들이 만들어낸 특유의 사회 언어다. 블록체인 업계도 마찬가지다. IDO, 에어드랍, 메인넷, 디앱, 하드포크… 영어 기반의 전문 용어가 많다 보니 업계 밖 사람들에게는 외계어처럼 들린다. 오랜만에 만난 친구들에게 내 일을 설명하면 "아, 코인한다는 거지?"라는 한마디로 정리되곤 한다.

한때 온 국민이 거래소에서 코인을 사고팔던 시절이 있었다. 점심시간만 되면 다들 휴대폰 화면을 들여다보았고, 지인을 만나면 코인 이야기가 인사말처럼 오갔다. 그 폭풍 같은 시기가 지난 뒤에도 블록체인을 공부한다고 하면, 여전히 '코인하느냐'는 묘한 뉘앙스의 질문이 돌아온다.

사람들이 말하는 "코인한다"는 것은 대개 코인 거래, 즉 트레이딩을 뜻한다. 오히려 프로젝트 조사나 관련 뉴스 읽기는 거래를 위한 부수적인 행위에 불과했다. 코인 거래시장의 높은 변동성과 낮은 규제로 인한 수많은 파생상품들은 '코인하는 사람들'을 실체 없는 것을 좇거나 한탕주의에 빠진 이들로 비춰지게 했다.

2018년, 첫 정부 규제 방침이 발표되며 시장은 급격한 하락세를 맞았다. 모두가 휴대폰 화면만 보며 거래하던 일은 과거가 되었고, 코인 거래와 연구는 비주류가 되었다. 수년이 지난 지금도 대중의 인식은 코인이 처음 사회적 이슈가 되었던 당시의 기억에 멈춰 있다. 그러나 우리는 코인, 나아가 블록체인 기술이 왜 주목받았는지 돌아볼 필요가 있다.

시장이 코인에 주목한 것은 블록체인이라는 기술의 잠재력 때문이었다. 최초의 코인인 비트코인의 기술적 가능성이 블록체인으로 이어졌고, 이를 활용한 다양한 시도가 여러 형태의 코인으로 나타났다. 블록체인 업계에 대한 대중의 관심은 2021년에 비해 줄었을지 모르나, 산업은 양적, 질적으로 빠르게 성장하고 있다. 사람들의 욕망이 사그라든 뒤에도 기술은 본연의 목적인 '제3자 없이도 신뢰할 수 있는 가치 저장 수단'을 묵묵히 수행하며, 화폐, 등기, 보증 등 신뢰가 필요한 시스템에 조용히 자리 잡고 있다. 새로운 신뢰를 만들어내려는 움직임은 현재진행형이다.

신뢰 비용, 그리고 블록체인이 제시하는 패러다임

• 블록체인을 꼭 사용해야 하는가?

IT 기술의 발전은 속도 향상과 비용 절감, 즉 효율성 증대를 목표로 이루어져 왔다. 그러나 블록체인 기술은 이러한 흐름과 달리, 기존 데이터 저장방식보다 읽기와 쓰기에 더 많은 시간과 비용이 소요된다. 그럼에도 사람들이 블록체인에 주목하는 이유는 누구나 신뢰할 수 있는 데이터가 갖는 파급력 때문이다. 속도나 비용 면에서 불리하더라도, 데이터 신뢰도가 핵심인 영역에서는 블록체인만 한 대안이 없다.

신뢰는 '든 자리는 몰라도 난 자리는 알게 되는' 존재다. 평소에는 인지하기 어렵지만, 한번 무너지면 심각한 결과를 초래하는 핵심 요소다. 정치인에게 의사결정을 위임하고, 온라인 쇼핑몰에서 거래하며, 경제활동을 수행하고, 미래를 위해 자본을 투자하는 등 우리의 삶은 상호 신뢰를 기반으로 작동한다. 삶의 예측가능성은 신뢰에 의해 설계되며, 블록체인 기술은 디지털 세상에서 이러한 신뢰를 형성하고 강화하는 강력한 도구가 된다.

신뢰 매개체가 상실된 영역에서는 블록체인으로 새로운 신뢰 전달 네트워크를 구축할 수 있다. 자국 통화를 신뢰하지 못해 물물교환에 의존하거나 금융활동이 제한된 국가에서는 초국가적 블록체인 화폐시스템으로 금융체계를 혁신할 수 있다. 국가가 아닌 블록체인 화폐 네트워크를 신뢰 기반으로 삼아 새로운 경제 생태계를 구축할 수 있는 것이다.

신뢰할 수 있는 주체가 제한되어 불필요한 비용이 발생하는 영역에서는 블록체인을 통해 신뢰를 프로그래밍하고 거래비용을 절감할 수 있다. 해외 대학 학비 송금 시 중개 수수료를 블록체인 네트워크로 줄일 수 있으며, 지구 반대편의 낯선 이와도 공통된 규칙과 합의된 보상으로 협업할 수 있다.

블록체인 기술은 모든 환경에서 신뢰를 전달하는 매개체가 될 수 있다. 블록체인 기반의 새로운 데이터 형태에 대한 신뢰와 이를 가능케 하는 핵심가치가 블록체인의 잠재력을 보여준다.

앞으로 상세히 설명하겠지만, 블록체인의 본질은 새로운 형태의 신뢰 관계 구축에 있다. 모든 참여자가 시스템을 상호 견제하기에 신뢰할 수 있는, 이른바 무신뢰Trustless에 기반한 신뢰 시스템이 그 핵심이다.

• 위태로운 블록체인 시장, 그러나…

블록체인 기술이 디지털 세상에서 신뢰할 수 있는 데이터를 만들어내는 혁신으로 발전하는 한편, 역설적이게도 대중은 블록체인을 신뢰하지 않는다. 대중의 인식 속 블록체인은 곧 코인이었고, 2017년부터 2024년까지 코인 시장에서 발생한 수많은 사건 사고가 블록체인에 대한 신뢰를 크게 훼손시켰다.

기술에 대한 대중과 정부 기관의 이해도가 낮고 규제와 법적 처벌이 미흡한 상황에서, 블록체인 시장은 범죄의 온상이 되었다. 코인 발행과 다단계 판매 사기, 중앙화 거래소 해킹, 수탁형 코인 투자 상품의 실패 등으로 수많은 피해자가 발생하며, 블록체인 기술과 암호화폐는 대중에게 부정적으로 인식되기 시작했다. 이는 여전히 블록체인 시장의 부정할 수 없는 어두운 단면으로 남아있다.

그러나 기술은 가치중립적이며, 블록체인 기술의 본질과 악의적 사용은 분리해서 봐야 한다. 블록체인은 신뢰와 투명성을 촉진하여 중요한 문제를 해결할 수 있는 도구다. 따라서 적절한 규제와 교육을 통해 블록체인 기술의 잠재력을 실현하고 활용해 나가는 것이 필요하다.

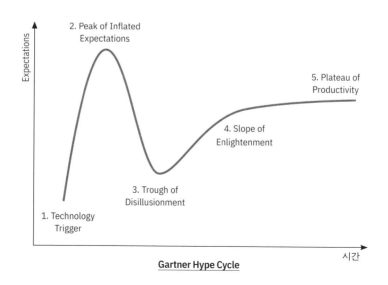

Gartner Hype Cycle

혁신 기술의 역사에는 언제나 하이프 사이클Hype Cycle이 동행해 왔다. 세상을 바꿀 기술이 처음 선보이면, 인간의 상상력을 매개로 비정상적인 가치가 형성된다. 이후 결과물이 기대에 미치지 못하면 관심이 줄고, 때로는 부정적 평가가 지배적이 된다. 버블이 꺼지고 살아남은 사례가 기술에 대한 실질적 이해를 돕고, 해당 기술을 적용한 산업이 서서히 성장한다. 마지막으로, 기술의 가치가 증명되며 시장의 주류로 자리 잡는다.

현대 인터넷 활성화 이전에는 2000년 초의 닷컴버블이 있었고, ChatGPT와 같은 생성형 AI 모델도 1956년 다트머스 회의에서 AI 개념이 정의된 이후, 수많은 하이프 사이클을 거치며 그 가치를 인정받기까지 수십 년이 걸렸다.

특히 블록체인은 화폐에 기반한 '신뢰'라는 개념을 근간으로 발전하다 보니, 인간의 욕망이 이 기술적 토대와 만나면서 적지 않은 피해가 발생했다. 다만, 기술의 본질적 가치를 외면하고 탐욕의 도구로만 이용하려는 이들은 자연스레 도태되고 있으며, 블록체인도 점차 본연의 기술적 가치와 가능성을 되찾아가고 있다.

• 다시, 블록체인 : 무신뢰에서 찾는 신뢰

앞으로 상세히 설명하겠지만, 블록체인의 본질은 새로운 형태의 신뢰 관계 구축에 있다. 각 참여자가 네트워크를 상호 견제하면서도 "네트워크 자체를 믿을 수 있는", 이른바 무신뢰에 기반한 신뢰 시스템이 곧 블록체인의 존재 이유이다.

어떤 이는 암호화폐의 대체 불가능한 기술 기반으로, 또 다른 이는 탈중앙화된 미래 사회의 핵심 동력으로 블록체인을 이해한다. 본 도서는 이러한 다양한 관점을 아우르며, 블록체인이 왜 혁명적 기술로 주목받는지, 그리고 우리의 삶을 어떻게 변화시킬 수 있는지 깊이 있게 다룬다.

2장과 3장에서는 블록체인의 기술적 토대인 분산원장 기술과 탈중앙화, 그리고 암호화폐의 등장 배경과 밈 코인을 다룬다. 4장과 5장에서는 블록체인이라는 패러다임이 만들어내는 새로운 철학과 거버넌스, 그리고 이러한 혁신이 기존 질서와 융화되는 규제를 논한다. 마지막 6장에서는 무신뢰성이라는 가치가 각 산업에 어떻게 이식되고 있는지 살펴보며, 다가올 신뢰 혁명의 실마리를 제시한다.

블록체인 기술은 이제 막 시작된 혁명의 서막이다. 이 책은 기술 전문가부터 일반 독자까지, 누구나 블록체인의 본질을 이해하고 다가올 변화를 준비할 수 있도록 안내한다. 특히 블록체인을 둘러싼 오해와 편견을 넘어, 이 기술이 가져올 진정한 가치와 잠재력을 발견하는 여정을 함께한다.

무신뢰성이라는 핵심 가치를 기반으로 블록체인 생태계는 지속적으로 성장하고 있다. 블록체인 업계가 멀리서 보면 비극이지만 가까이서는 여전히 희극인 이유가 여기에 있다. 블록체인 기술의 본질과 응용을 깊이 고민한다면, 우리는 다가올 미래를 상상하고 그 변화에 참여할 수 있을 것이다.

비트코인 출현과 암호화폐 열풍

• 금융위기와 화폐 불신, 그리고 비트코인

화폐는 교환 가치를 지닌 재화로, 사람들은 물건을 사고팔 때 가치

이동의 매개체로 이를 사용한다. 화폐의 교환 가치는 역사적으로 국가라는 중앙 권력에 의해 보장되었으며, 그 발행 역시 중앙 권력이 결정해왔다. 이것이 사람들이 화폐를 신뢰하고 사용할 수 있는 근간이었다.

역사적으로 전쟁과 같은 국가적 위기 상황에서, 집권층은 물자 조달을 위해 화폐 발행을 늘렸다. 그러나 이렇게 시장에 풀린 화폐는 기존의 교환가치를 크게 훼손했고, 화폐와 집권층에 대한 신뢰 하락으로 이어졌다. 흥선대원군의 당백전 발행은 경복궁 재건으로 인한 재정난을 해결하려 했으나 화폐 가치 하락과 물가 급등을 초래했다. 바이마르 공화국의 과도한 화폐 발행은 하이퍼인플레이션을 일으켜 경제적 혼란을 불러왔다.

현대에 이르러 국가 시스템이 흔들린 대표적 사례는 2008년 서브프라임 모기지 사태다. 이 사태는 당시 금융시스템의 취약성과 탐욕을 적나라하게 드러냈다. 미국 정부는 시스템 붕괴를 막고자 세금으로 은행들의 부채를 대납하는 구제금융을 실시했고, 이는 금융 시스템에 대한 불신을 키웠다는 비판을 받았다.

이를 다룬 타임즈 1면은 비트코인의 제네시스 블록에 영구히 새겨져, 비트코인 탄생의 상징적 배경이 되었다. 비트코인은 중앙 권력에 대한 불신과 함께, 중앙화된 주체 없는 신뢰 시스템을 구축하려는 이념을 바탕으로 탄생했다.

• 새로운 신뢰의 지평

화폐 시스템의 혼란 속에서 비트코인은 새로운 패러다임을 제시한다. 집권세력 없이도 운영되는 시스템을 통해 중앙 권력에 의존하지 않고도 안정성과 신뢰를 확보하려 한다. 이는 블록체인 기술로 발전했고, 모든 거래가 공개되고 검증 가능한 시스템을 통해 금융의 민주화와 투명성, 보안성을 보장한다. 비트코인 이후 다양한 암호화폐가 등장하며 디지털 자산 시장은 급성장하고 있다. 기존 금융 시스템에 도전하며 금융의 미래를 재구성하고 있다.

비트코인과 블록체인 기술은 중앙 권력에 의존하지 않는 새로운 신뢰의 지평을 열었다. 이는 단순한 금융 혁신을 넘어 사회적 신뢰 시스템의 근본적 변화를 의미한다. 블록체인과 암호화폐 업계는 새로운 신뢰의 시대를 열며, 금융의 새로운 역사를 써내려가고 있다.

블록체인, 다시 논의되다

정부는 수년간의 논의 끝에 2023년 2월, 자본시장법에 의거한 분산원장 기술 기반 토큰증권 가이드라인을 발표했다. 이는 블록체인 기반 토큰의 증권 발행 및 거래를 위한 지침으로, 제한적이나마 블록체인의 기술적 혁신성을 인정하고 발전 방안을 마련했다는 점에서 고무적이다.

국내 기업들도 블록체인 기술을 활용해 기존의 소비자–서비스 공급자 관계를 확장하고 새로운 생태계를 형성하려 노력 중이다. 이 기술은 서비스 공급자에 대한 일방적 신뢰에서 벗어나 새로운 신뢰 체계를 구축하는 데 활용되고 있다. 이를 통해 공급자의 불법 행위를 방지하고, 소비자를 단순한 수용자가 아닌 적극적 참여자로 변화시키려는 시도가 이어지고 있다. 특히 게임 업계에서는 커뮤니티 문화와 유저 놀이 문화를 블록체인과 융합하려는 연구와 개발이 활발하다.

　해외에서도 다양한 주체와 산업에서 블록체인 도입이 진행되고 있다. 국가 차원에서는 엘살바도르가 비트코인을 법정화폐로 인정하고 전국 결제 서비스에 도입한 것이 대표적이다. 브라질도 비트코인 결제를 합법화했으며, 2024년 1월 기준 전 세계 비트코인 결제 가맹점은 6,336곳에 달한다. 금융 서비스에 대한 사회적 신뢰가 부족했던 국가들은 블록체인의 무신뢰 기반 시스템을 통해 역설적으로 새로운 신뢰를 구축하고 있다. 유럽과 미국 등 선진국에서도 디지털 자산이 주요 결제 수단으로 자리잡고 있다.

　특히 제45대 미국 대통령 트럼프는 "미국을 비트코인의 수도로 만들겠다", "임기 첫날 개리 갠슬러 SEC 위원장을 해고하겠다" 등 파격적인 공약을 내세워, 2024년 말 당선 이후 크립토 산업 전반에 대한 관심과 가치 상승을 이끌었고, 2025년 3월에는 비트코인 등 가상자산의 전략적 비축을 행정부에 지시했다.

　2024년 1월 10일, 미국 증권거래위원회SEC는 2013년부터 논의되어 온 비트코인 현물 ETF를 승인했다. 이로써 제도권 기관 투자자들이 비트코인을 공식 투자 자산으로 인정하고 투자할 수 있는 길이 열렸다.

　이처럼 블록체인 기술의 핵심 가치와 철학이 생태계와 기술 발전을 촉진하고 있다. 자기 주권, 탈중앙성, 검열 저항, 무신뢰를 통한 신뢰 등 블록체인의 근본 가치를 이해하려는 산업 주체들이 변화를 이끌며, 각자의 영역에서 이 기술과 가치를 접목하려 노력하고 있다.

2장

블록체인의 작동 원리

: 기술 속으로

분산원장과 합의 : 데이터가 신뢰되는 이유

• 무신뢰에 기반한 신뢰 : 블록체인

정보화 시대에서 익명의 누군가를 어떻게 신뢰할 수 있을까? 인터넷의 보급과 디지털 전환 이후, 초연결 사회의 신뢰 문제는 현대사회가 해결해야 할 핵심 과제로 떠올랐다. 특히 디지털 시스템에서는 데이터 위변조가 용이해 수신한 데이터가 조작되거나, 발신한 데이터를 타인이 가로채 가공할 위험이 크다. 이러한 위험을 방지하고자 현재는 제3의 신뢰 주체에게 디지털 보증을 받아 정보를 교환한다. 그러나 이는 은행, 카드사, 인증센터와 같은 제3자가 내 정보를 잘 보호할 것이라는 신뢰의 위임을 동반한다. 정보의 관리 주체가 자신이 될 수 없는 상황에서, 우리는 정보의 온전한 신뢰성 문제에서 자유로울 수 없다.

디지털 세상에서 신뢰를 확보하기 위해서는 세 가지 조건이 필요하다.

첫째, 전송된 데이터는 위변조되지 않아야 한다. 정보가 발신자로부터 수신자에게 도달하는 전 과정에서 데이터의 무결성이 보장되어야 송수신자 모두가 시스템을 신뢰하고 정보를 교환할 수 있다.

둘째, 데이터는 변함없이 영구 보존되어야 한다. 송수신 기록과 데이터 자체가 휘발되지 않고 유지되어야 디지털 정보 교환 시스템에 대한 신뢰가 가능하다.

셋째, 모든 사용자에게 동등한 데이터 접근성이 보장되어야 한다. 소수에게만 데이터 접근 권한이 주어진다면 정보 왜곡의 가능성이 생긴다. 시스템의 모든 사용자가 동일한 데이터에 접근할 수 있어야 신뢰가 형성된다.

이 모든 조건을 충족하는, 디지털 신뢰를 구현할 기술이 바로 블록체인이다. 블록체인은 "합의 알고리즘을 바탕으로 하나의 원장을 유지하는 분산형 데이터베이스 시스템"이다. 여러 원장과 원장 간 합의 알고리즘을 통한 정보 저장 시스템, 즉 탈중앙화 분산원장 기술로 정의된다. 이번 장에서는 블록체인 기술이 어떻게 디지털 세상에 필요한 신뢰를 구현하는지, 그 구조와 원리를 기술적으로 살펴보겠다.

• 블록체인 기술의 데이터 저장 방식

현대 은행은 다음과 같은 과정으로 거래 내역을 처리한다. 우선 사용자가 은행 시스템에서 거래 내역을 생성한다. 이때 사용자는 금융인증서나 이에 준하는 인증 시스템으로 계좌 소유권을 인증한 후, 해당 계좌에서 출금하는 거래 내역을 생성할 수 있다. 이렇게 생성된 거래 내역은 시중 은행 시스템에 전파되어 해당 은행뿐 아니라 다른 은행에도 공유된다.

전파된 정보는 즉시 반영된 것처럼 보이지만, 실제로는 아직 거래가 확정되지 않은 상태다. 실제 거래에 따른 자금이 이동한 것이 아니라 장부상의 기록만 존재하는 것이다. 거래가 확정되는 시점은 밤 11시 50분부터 다음 날 새벽 00시 05분 사이, 우리가 은행 점검 시간이라고 알고 있는 시간대에 금융결제원이 자금을 정산하면서다. 이때 하루 동안의 거래 내역을 점검하며 장부에 대한 정산이 이루어진다.

블록체인의 데이터 저장 방식은 은행의 거래 내역 저장 방식과 유사하다. 위 과정을 블록체인 기술로 확장하면 다음의 5단계로 정리할 수 있다. (1) 트랜잭션 생성, (2) 디지털 서명과 검증, (3) 트랜잭션 전파, (4) 블록 생성 및 검증, (5) 블록 연결 및 완결성 확정. 먼저 트랜잭션의 생성에 대해 살펴보자.

(1) 트랜잭션 생성

트랜잭션이란 은행에서 사용자가 만든 거래 내역과 유사하다. 은행의 거래 내역에는 송신인, 수신인, 계좌 정보, 그리고 금융인증서 기반의 디지털 서명을 통한 계좌 주인 인증 정보 등이 포함된다. 블록체인에서 트랜잭션은 특정 데이터를 가공하거나 생성하려는 행위와 해당 작업을 수행할 수 있는 권한을 의미하며, 권한을 증명하는 디지털 서명을 포함한다. 블록체인 기술은 주로 금융 시스템에 많이 사용되므로 발신자, 수신자, 금액, 거래 내용 등이 저장되고 생성된다. 은행 시스템과 블록체인 시스템 모두 디지털 방식으로 거래 내역을 저장하고 관리한다. 은행은 중앙화된 데이터베이스를 활용하는 반면, 블록체인은 탈중앙화된 네트워크에서 거래 내역이 공유되고 검증된다.

(2) 디지털 서명과 검증

트랜잭션의 무결성과 신뢰성을 보장하기 위해 디지털 서명이 사용되며, 이는 비대칭키 암호화 방식을 기반으로 작동한다. 비대칭키 방식은 크게 두 가지 방식 있다.

가. 비밀키 Private Key로 서명하고 공개키 Public Key로 검증하는 방식

나. 공개키로 암호화하고, 비밀키로 복호화하는 방식

블록체인에서 사용되는 방식은 첫 번째 방식으로, 사용자는 자신의 비밀키로 트랜잭션 서명을 생성하고, 네트워크의 다른 참여자들은 공개키로 서명의 유효성을 검증한다. 디지털 서명은 정보를 암호화하는 목적이 아니라, 정보의 무결성을 검증하고 원본 작성자를 증명하는 역할을 한다.

디지털 서명은 연예인의 사인과 비슷한 개념으로 이해할 수 있다. 연예인(개인키 소유자)만이 진짜 사인을 할 수 있고, 팬들(공개키 소유자)은 그 사인이 진짜인지 확인할 수 있다. 팬들은 사인을 따라 그릴 수는 있지만, 전문가는 이를 즉시 가짜로 판별할 수 있다. 마찬가지로 디지털 서명도 개인키를 가진 사람만이 생성할 수 있고, 공개키를 가진 모든 사람이 그 진위를 확인할 수 있다. 만약 서명된 정보가 조금이라도 변경되면 디지털 서명이 더 이상 유효하지 않게 되어, 마치 위조된 연예인 사인이 들통나는 것처럼 정보의 변조 여부를 즉시 확인할 수 있다. 이러한 방식으로 디지털 서명은 거래 정보의 생성자를 인증하고 정보의 무결성을 보장하는 핵심적인 역할을 수행한다.

디지털 서명 시스템은 데이터의 위변조를 효과적으로 방지할 수 있기 때문에, 기존의 물리적인 서명이나 도장보다 더 안전하고 신뢰할 수 있는 서명 시스템이라고 할 수 있다.

(3) 트랜잭션 전파

사용자가 생성한 트랜잭션은 네트워크 참여자들에게 전파된다. 이는 은행에서 거래 내역을 결제 공동망에 전달하는 것과 같다. 은행의 거래 내역은 장부상으로 즉시 반영되지만, 실제 자금 이동의 확정은 하루에 한 번 이루어진다. 즉, 은행 시스템에서는 실제 현금에 대한 장부와 거래에 대한 장부가 별도로 존재하여, 거래 장부에는 즉시 반영되지만 현금 장부에는 아직 반영되지 않은 상태인 것이다. 은행이 두 개의 장부를 필요로 하는 이유는 실물 화폐를 다루기 때문이다. 각 은행이 보유한 실제 현금과 고객들의 거래 내역을 모두 추적해야 하므로, 두 가지 장부를 따로 관리하고 매일 밤 이를 대사하여 정산하는 과정이 필요하다.

반면 블록체인에는 거래 장부만 존재한다. 블록체인의 암호화폐는 실물이 아닌 디지털 자산으로만 존재하며, 모든 거래가 장부상의 기록으로만 이루어지기 때문이다. 실제 현금의 이동이 없으므로 현금 장부가 필요하지 않으며, 모든 참여자가 공유하는 하나의 거래 장부만으로 전체 시스템의 무결성을 유지할 수 있다. 이러한 단일 장부 시스템은 블록체인의 효율성과 투명성을 높이는 요소가 된다.

사용자의 트랜잭션이 전파되면 즉시 반영되는 것이 아니라, 네트워크 참여자들에게 해당 거래 내역이 생성되었다는 사실만 알려진다. 이 과정에서 사용자는 수수료를 입찰한다. 은행망 이용 대가로 출금 수수료를 내듯이, 블록체인 네트워크에 정보를 저장하거나 가공하기 위해서도 수수료가 필요하다. 은행이 각국의 화폐로 수수료를 받는 것처럼, 블록체인에서는 시스템 내부의 인센티브로 사용되는 블록체인 화폐, 즉 암호화폐를 수수료로 지불한다.

(4) 블록 생성 및 검증

네트워크 참여자들에게 전파된 트랜잭션은 블록이라는 저장 단위에 다른 트랜잭션들과 함께 저장된다. 이때 블록에 트랜잭션을 저장하고 전파하는 주체를 블록 제안자Block Proposer라고 한다. 은행이 사용자의 거래 내역을 받아 결제 공동망에 즉시 반영할 수 있는 것은 은행이 이 블록 제안자와 유사한 역할을 수행하기 때문이다. 블록 제안자는 블록체인 네트워크에 전파된 트랜잭션들을 모아 블록이라는 저장 공간에 포함시켜, 전체 블록체인 시스템이 관리하는 데이터 장부에 기록되도록 돕는다. 이때 트랜잭션 전파자가 지불한 수수료가 모여 블록 제안자에게 지급된다. 이는 은행이 거래 내역 수수료를 수취하는 것과 유사하다.

은행과 블록 제안자의 가장 큰 차이는 은행은 동일 주체가 거래 내역을 지속적으로 처리하는 반면, 블록 제안자는 대부분 임의로 결정된다는 점이다. 블록 제안자를 선정하는 규칙은 합의 알고리즘의 일부인 제안자 선정 알고리즘으로, 매 시점 누가 거래 내역의 유효성을 검증하여 데이터를 블록에 포함시키고 그 대가로 수수료를 받을지를 결정한다. 이렇게 블록 제안자가 트랜잭션을 묶어 블록을 제안하고, 네트워크에 트랜잭션 데이터가 저장되며 블록들이 연결된다. 블록체인이라는 용어는 데이터 덩어리인 블록Block을 연결Chain했다는 의미다.

블록체인 시스템이 이러한 구조를 갖게 된 이유는 은행처럼 단일 주체가 지속해서 거래 내역을 갱신하는 방식과 달리, 블록체인에서는 블록 제안자가 계속 바뀌기 때문이다. 따라서 한 주체가 처리할 수 있는 트랜잭션 범위를 나타내는 단위가 필요했고, 그 역할을 '블록'이 수행한다. 즉, 블록 제안자는 블록 하나만큼의 네트워크 데이터를 변경할 권한을 갖는다.

또한 블록 제안자는 자신이 생성한 블록이 이전 블록과 연결되어 있음을 증명해야 하므로, 각 블록에는 다양한 추가 정보(메타데이터)가 포함된다. 특히 블록 생성 시간, 이전 블록의 해시값 등을 담고 있는 블록 헤더는 필수적인 메타데이터로서, 해당 블록이 전체 거래 내역에서 어느 위치에 있는지를 나타낸다. 이는 새로운 블록을 생성해야 하는 제안자의 작업을 용이하게 하거나, 다음 블록 생성자를 결정하는 데도 중요한 역할을 한다.

(5) 블록 연결 및 블록 완결성 확정

블록 제안자가 새로운 블록을 만들면, 이는 네트워크의 모든 참여자들에게 전달되어 검증받는다. 참여자들은 블록 안의 모든 거래가 유효한지, 그리고 이전 블록과 제대로 연결되는지 확인한다. 이 검증 과정을 통과하면 새로운 블록이 체인에 추가된다. 하지만 이 시점에서는 아직 거래가 완전히 확정된 것은 아니다. 은행 시스템에 비유하면, 이는 거래 내역이 장부에 기록만 된 상태이지 실제 돈이 이동한 것은 아니다.

왜 블록이 연결되었는데도 바로 확정되지 않을까? 이는 블록체인이 전 세계에 분산된 시스템이기 때문이다. 예를 들어 지진으로 아시아와 북미 사이의 해저 통신 케이블이 끊어졌다고 생각해보자. 통신이 끊기기 전까지는 두 지역이 같은 정보를 공유했지만, 이후에는 각자 다른 상황에 처하게 된다. 아시아 지역의 참여자들은 아시아에서 새로 선정된 블록 제안자들이 만든 블록들을 추가하고, 북미 지역은 북미의 블록 제안자들이 만든 블록들을 추가한다. 결과적으로 두 지역은 서로 다른 블록체인을 만들어가게 된다.

나중에 통신이 복구되면 새로운 문제가 발생한다. 아시아에서 만든 블록들과 북미에서 만든 블록들 중 어느 쪽을 진짜로 인정해야 할까? 이렇게 하나의 체인이 두 갈래로 나뉘는 현상을 '포크fork'라고 부른다. 비트코인과 같은 전통적인 PoW Proof of Work 기반 블록체인은 이런 상황에서 더 긴 체인, 즉 더 많은 작업량이 투입된 체인을 선택하는 'Longest Chain Rule'을 따른다. 이는 포크가 발생했을 때 어떤 거래가 이미 블록에 기록되어 있더라도, 그 거래가 최종적으로 확정되지 않을 수 있다는 것을 의미한다.

이러한 문제를 해결하기 위해 블록체인은 '완결성finality'이라는 개념을 도입했다. 특정 블록 뒤에 일정 개수의 새로운 블록이 추가되면, 그 블록은 이제 변경될 수 없는 최종 기록으로 인정된다. 각각의 블록체인 시스템마다 필요한 블록 수는 다르지만, 일단 이 조건이 충족되면 해당 블록과 그 안의 거래들은 확정된 것으로 간주한다. 이는 마치 은행에서 거래가 완전히 정산되어 실제 돈이 이동한 것과 같은 상태가 된다.

이런 방식으로 블록체인은 거래 기록의 안정성과 무결성을 보장한다. 처음에는 임시로 기록된 거래가 시간이 지나고 충분한 수의 블록이 쌓이면서 점차 확정된 기록으로 변화하는 것이다. 이것이 바로 블록체인이 탈중앙화된 환경에서도 거래의 신뢰성을 확보할 수 있는 핵심 메커니즘이다.

- **대표적인 블록체인 네트워크의 구조**

비트코인

비트코인은 사토시 나카모토라는 익명의 개발자가 개발하여 2009년 1월부터 운영을 시작한 블록체인 네트워크이다. 개발자의 신원은 미상이나, 개발 목적은 명확하다. 2008년 서브프라임 모기지론 사태와 연쇄 청산 위기 당시, 정부의 은행 구제금융은 기존 금융 시스템에 대한 신뢰성 문제를 제기했다. 이에 따라 중앙화된 신뢰 기관 없이도 작동하는 화폐 시스템의 필요성이 대두되었고, 그 결과물이 비트코인이다. 이제 비트코인의 구조와 작동 원리, 그리고 네트워크 참여 과정을 구성 요소별로 살펴보겠다.

지갑

비트코인 네트워크 참여의 첫 단계는 지갑 생성이다. 흔히 지갑을 은행 계좌에 비유하나, 이는 부정확하다. 지갑은 오히려 공인인증서에 가깝다. 지갑 생성 시 두 개의 키가 만들어지는데, 개인만이 보유하는 비밀키와 공개적으로 공유되는 공개키가 그것이다. 이 공개키는 비트코인 네트워크상의 사용자 식별자 역할을 하며, 관련 데이터 조회에 활용된다.

데이터 생성이나 변경 시에는 비밀키로 디지털 서명을 생성해야 한다. 이를 통해 다른 사용자들은 공개키로 해당 변경이 정당한 소유자에 의한 것임을 검증할 수 있다. 이러한 방식으로 네트워크상에서 개인의 데이터 주권이 보장된다.

UTXO

비트코인을 비롯한 여러 암호화폐는 UTXO^{Unspent Transaction Output} 모델로 데이터를 기록한다. 비트코인 네트워크에서 주로 저장되는 데이터는 각 지갑의 화폐 보유량이며, UTXO 모델은 이러한 잔액 이동을 추적하는 방식이다. 블록체인 프로토콜은 일반적으로 두 가지 데이터 저장 모델 중 하나를 채택한다. 이더리움, 테조스, 이오스 등이 사용하는 계정/잔액 모델과 비트코인, 라이트코인, 카르다노, 도지코인 등이 채택한 UTXO 모델이 그것이다.

UTXO 모델의 작동 방식은 다음과 같다. 비트코인 송금 시 지갑

소프트웨어는 먼저 네트워크를 스캔하여 사용 가능한 잔액, 즉 이전 거래에서 생성된 UTXO를 찾는다. 이는 마치 12,000원짜리 물건을 사면서 20,000원을 지불하고 8,000원을 거스름돈으로 받는 것과 유사하다. 이때 거스름돈에 해당하는 8,000원이 새로운 UTXO가 되어 다음 거래에 사용될 수 있다.

UTXO 모델을 통해 비트코인 네트워크는 사용자의 화폐 보유량을 정확하게 기록하고 관리한다. 각 거래의 미사용 잔액은 새로운 UTXO로 기록되어 블록체인에 투명하게 저장된다. 이는 디지털 자산의 이중 지불 문제를 해결하고 정확한 잔액 추적을 가능하게 한다.

트랜잭션은 보유 UTXO를 입력으로 하여 새로운 출력을 생성하는 과정이다. 이 과정에서 UTXO는 필요에 따라 통합되거나 분할되어 보유분과 이전분으로 구분된다. 한번 사용된 UTXO는 재사용이 불가능하므로 디지털 데이터의 복제를 통한 이중 지불을 방지할 수 있다.

작업 증명 합의 알고리즘

트랜잭션이 네트워크에 전파되면, 블록 제안자는 이를 블록에 담아 체인에 연결함으로써 전체 네트워크에 반영한다. 비트코인은 작업 증명PoW, Proof of Work 방식으로 블록 제안자를 선정한다. 이는 특정 작업의 수행을 증명하는 방식으로, 비트코인의 경우 특정 조건을 만족하는 해시 값을 찾는 것이 그 작업이다.

해시는 다양한 길이의 데이터를 해시 함수를 통해 고정 길이의 값으로 변환하는 기법이다. 새로운 블록은 블록 번호, 내부 데이터, 논스nonce라는 임의값, 그리고 이들의 해시 값을 포함한다. 이때 해시 값은 특정 개수 이상의 선행 0을 가져야 블록 연결 자격이 주어 진다.

블록 제안자가 되고자 하는 참여자들은 논스 값을 순차적으로 증가시키며 조건에 맞는 해시 값을 찾기 위해 컴퓨팅 자원을 투입한다. 조건을 만족하는 값을 찾아낸 참여자는 작업 증명을 완료한 것으로 인정받아 블록 제안 자격을 얻는다.

새로운 블록이 체인에 연결되어 전파되는 동안, 다른 참여자가 동일 위치에 다른 블록을 연결하면 포크가 발생한다. 네트워크의 물리적 특성상 모든 참여자가 동시에 정보를 수신할 수 없어 이는 불가피하다. 이때 가장 긴 체인이 6블록 이상 앞서나가면 다른 가지가 이를 추월할 확률은 사실상 0이 된다. 비트코인의 경우 블록 생성에 약 10분이 소요되며, 거래의 완결성 확보에는 6개 블록이 추가로 생성되어야 하는 약 1시간이 필요하다.

이러한 작업 증명 알고리즘을 통해 비트코인 네트워크는 시스템 자체가 신뢰의 기반이 되는 환경을 구축했다. 블록 제안자들은 순수한 경쟁을 통해 블록을 제안하며, 경쟁에서 우위를 점하기 위해서는 더 강력한 컴퓨팅 파워와 더 많은 자원이 필요하다. 경쟁 참여자가 증가할수록 승리에 필요한 비용도 상승하게 된다. 또한, 사용된 UTXO의 재사용과 같은 부정 행위를 시도하더라도 연속으로 7개의 블록을 생성하는 것은 사실상 불가능하다. 이를 통해 부정 트랜잭션이 포함된 블록이 완결성을 획득하는 것을 원천적으로 차단하여 디지털 데이터의 위변조와 부정 사용을 방지한다.

노드 클라이언트와 채굴자

일반 사용자가 거래를 위해 지갑이 필요하다면, 블록 제안자로 참여하기 위해서는 다른 준비가 필요하다. 블록 제안자의 활동을 '채굴'이라 하며, 블록 제안자를 '채굴자'라고 한다. 이 용어는 조건에 맞는 해시 값을 찾기 위해 논스 값을 지속적으로 변경하며 해시 함수 연산을 수행하는 과정이 광물을 캐내는 것과 유사하다는 데서 유래했다. 비트코인 네트워크는 블록 제안자에게 새로운 비트코인과 해당 블록의 트랜잭션 수수료를 지급하므로, 실제로 채굴을 통해 수익을 창출할 수 있다.

채굴 활동에는 두 가지 핵심 요소가 필요하다. 첫째는 노드 클라이언트라 불리는 채굴 프로그램이고, 둘째는 이 프로그램을 구동할 컴퓨터(노드)이다. 채굴 프로그램은 다음과 같은 기능을 수행해야 한다 :

1. 네트워크 참여자들의 트랜잭션 요청 수신
2. 기존 거래 내역 저장 및 UTXO 사용 현황 관리
3. 새로운 블록 생성 정보의 전파 및 수신된 블록 정보를 통한 내부
4. 체인 갱신

현재 비트코인 네트워크는 이러한 노드 클라이언트를 운영하는 채굴자들에 의해 유지되고 있다. 사토시 나카모토는 비트코인 백서에서 '1CPU 1노드' 원칙을 제시하며, 모든 참여자가 직접 노드를 운영하는 미래를 구상했다. 현재는 해시 연산에 필요한 비용과 누적된 데이터의 규모로 인해 일반인의 노드 운영이 쉽지 않은 상황이다. 그러나 하드웨어 기술의 발전과 네트워크의 대중화에 따라, 향후에는 더 많은 사람이 직접 비트코인 노드를 운영하며 네트워크에 참여할 수 있을 것으로 기대된다.

비트코인의 '무신뢰를 통한 신뢰' 체계는 참여자들이 서로를 신뢰하지 않기에 각자가 네트워크를 검증하고 데이터를 저장하려 경쟁하는 시스템을 통해 구현된다. 지갑, UTXO, 작업 증명, 그리고 노드 클라이언트를 운영하는 채굴자들의 유기적인 작용을 통해 비트코인은 안정적인 디지털 화폐 시스템을 구축했다. 이를 통해 우리는 중앙화된 보증 없이도 BTC 거래를 신뢰할 수 있으며, 보유한 BTC 잔액이 10년, 100년이 지나도 불변할 것이라고 확신할 수 있다.

이더리움

이더리움은 비탈릭 부테린이 2013년에 제안한 블록체인 네트워크로, 단순한 화폐 전송을 넘어 누구나 접근 가능한 글로벌 컴퓨터를 지향한다. 이더리움은 스스로를 월드 컴퓨터로 정의하며, 그 안의 데이터는 소유자만이 변경할 수 있고 영속성을 지닌다. 이를 통해 전 세계 사람들이 신뢰할 수 있는 데이터를 기반으로 다양한 활동을 수행할 수 있는 플랫폼을 목표로 한다.

이러한 방향성을 지닌 블록체인을 범용 블록체인이라 하며, 이는 화폐 교환에 특화된 비트코인과는 다른 구조를 가진다. 이더리움을 통해 범용 블록체인의 구조를 살펴보도록 하자.

계정 시스템

이더리움의 지갑도 공개키와 비밀키 쌍을 생성하여 데이터 소유권을 관리한다. 그러나 데이터 저장 방식에서 비트코인과 큰 차이를 보인다. 비트코인은 UTXO에 소유자를 표시하고, 사용자의 잔액은 해당 사용자의 공개키가 표시된 UTXO들의 총합으로 계산된다. 비밀키는 디지털 서명을 통해 UTXO 사용 권한을 증명한다.

반면 이더리움에서는 하나의 공개키가 하나의 계정과 일대일로 대응된다. 비밀키는 해당 계정 데이터의 변경 권한을 증명하는 데 사용된다. 이는 마치 은행 계좌와 그 비밀번호의 관계와 유사하다.

이더리움의 계정은 두 가지 유형으로 구분된다. 첫째는 일반 사용자를 위한 EOA$^{Externally\ Owned\ Account}$로, 대부분의 이더리움 계정이 여기에 해당한다. 둘째는 CA$^{Contract\ Account}$로, 이더리움 네트워크에서 실행될 스마트 컨트랙트 코드를 저장한다. CA는 생성 시 고유한 공개키가 할당되지만 비밀키는 존재하지 않으며, 내부 데이터는 저장된 코드에 따라서만 변경될 수 있다. CA의 코드는 EOA로부터의 트랜잭션에 의해서만 실행된다.

이더리움 계정은 다음과 같은 주요 필드를 포함한다:

- 논스^{nonce} : EOA의 발생 트랜잭션 수 또는 CA의 생성 컨트랙트 수를 기록하는 카운터이다. 이는 동일한 트랜잭션이 반복 실행되는 재생 공격을 방지한다.

- 잔액^{balance} : 해당 주소가 보유한 웨이^{wei} 수량을 나타낸다. 웨이는 이더^{ETH}의 최소 단위로, 1이더는 10의 18승 웨이에 해당한다.

- 코드 해시^{codeHash} : EVM에서 계정의 코드를 참조하는 해시값이다. CA는 실행 가능한 코드를 내부에 저장하며, 이 코드는 트랜잭션을 통해 호출될 때 실행된다. 이 코드는 변경이 불가능하며 네트워크에 영구 저장된다. EOA의 코드 해시는 빈 문자열의 해시값으로 고정된다.

- 저장소 루트^{storageRoot} : 계정 내부 데이터를 인코딩한 머클 패트리샤 트리의 루트 노드 해시값으로, 이더리움 네트워크에서 해당 데이터의 조회를 가능하게 한다.

이더리움 가상 머신 EVM

이더리움이 진정한 월드 컴퓨터로 기능하기 위해서는 이더리움 가상 머신 Ethereum Virtual Machine, EVM이 필수적이다. 비트코인도 제한적인 스크립트 실행 환경을 제공하지만, 이는 튜링 불완전하다. 튜링 완전성이란 일반적인 컴퓨터가 수행할 수 있는 모든 연산이 가능함을 의미한다. 비트코인은 무한 반복 실행으로 인한 네트워크 마비를 방지하고자 반복 실행을 제한했다.

EVM은 이더리움이 월드 컴퓨터 플랫폼으로 기능하기 위해 개발된 튜링 완전한 가상 머신이다. 가상 머신은 서로 다른 환경의 컴퓨터들이 동일한 조건에서 코드를 실행할 수 있게 하는 프로그램이다. EVM은 다음 세 가지 핵심 구성 요소를 가진다:

1. 스택 : 256비트 단위의 데이터를 최대 1024개까지 저장할 수 있는 실행 환경
2. 메모리 : 휘발성 데이터를 저장하는 바이트 배열 형식의 공간
3. 스토리지 : 영구적으로 데이터를 보관하는 비휘발성 저장소

EVM은 트랜잭션을 통해 코드 실행 요청을 받으면, 블록 제안자가 해당 코드를 CA에서 찾아 실행하고 그 결과를 검증하여 블록에 기록한다. 이는 단순 송금 검증만 하는 비트코인보다 더 많은 연산을 필요로 한다.

이더리움은 무한 반복 실행과 과도한 자원 사용 문제를 해결하기 위해 '가스 gas' 개념을 도입했다. 가상 머신에서 실행되는 모든 연산에 특정 가격을 부여하고, 사용자는 실행하고자 하는 코드가 사용하는 연산에 대해 비용을 지불해야 한다. 무한 실행을 원한다면

그에 상응하는 무한한 비용이 필요하며, 이는 ETH 구매와 가스비 지불이라는 실질적인 경제적 비용으로 이어진다. 이러한 방식으로 튜링 완전한 프로그래밍 환경을 안전하게 제공할 수 있게 되었다.

EVM은 데이터 저장부터 산술 연산에 이르기까지 모든 컴퓨팅 작업에 대해 가스비를 부과한다. 특히 UTXO 추적을 넘어 네트워크 전체의 상태를 관찰해야 하므로, 데이터 접근과 사용 패턴에 따라 수수료가 달라진다. 또한 네트워크 혼잡도를 반영하여 수수료를 동적으로 조정하는 것이 EVM의 특징이다.

주목할 점은 가장 높은 비용이 발생하는 작업이 스마트 컨트랙트와 같은 이더리움의 전역 상태 트리Global State Tree 데이터 관리라는 것이다. 블록 생성자가 새로운 데이터를 쓰고write 저장archive할 때마다 모든 풀노드에서 연산이 발생하므로 상당한 비용이 소요된다. 대표적으로 SSTORE, SLOAD와 같은 전역 상태 접근용 OPCODE가 이에 해당한다.

이더리움의 합의 알고리즘

이더리움은 초기에 비트코인과 유사한 작업 증명 방식의 합의 알고리즘을 채택했다. Ethash 해시 함수를 사용하여 특정 논스 값을 찾는 과정을 반복함으로써 블록 제안 자격을 부여했다. 주요 차이점은 블록 생성 난이도, 생성 시간, 그리고 생성 시간 변동에 대응하는 프로토콜에 있었다.

비트코인은 약 10분의 블록 생성 시간을 설정했다. 이는 트랜잭션 처리가 느리다는 단점이 있지만, 동시에 여러 블록이 생성될 가능성을 낮추는 장점이 있다. 반면 이더리움은 블록 생성 시간을 약 12초로 설정했다. 이는 당시 비트코인과 비교하면 획기적으로 빠른 속도였다. 다만 빠른 블록 생성은 동시 생성 가능성과 안정성 저하라는 문제를 수반했다. 이더리움은 이를 GHOST 프로토콜로 해결하여 신속하면서도 안정적인 네트워크를 구축했다.

GHOST Greedy Heaviest Object SubTree 프로토콜은 포크가 발생했을 때 가장 무거운 가지를 선택하는 알고리즘이다. 이는 단순히 가장 긴 가지를 선택하는 비트코인의 Longest Chain Rule과는 차별화된다. GHOST 프로토콜은 각 블록으로부터 가장 많은 후속 블록이 연결된 쪽을 선택하는데, 이는 블록 분기가 많이 발생한 블록일수록 더 많은 사용자들이 해당 블록을 선택했다는 점을 활용한 것이다. 이를 통해 이더리움은 작업 증명 방식을 사용하면서도 비트코인보다 빠른 트랜잭션 처리와 블록 완결성을 확보할 수 있었다.

그러나 이러한 노력에도 불구하고 작업 증명 방식의 합의 알고리즘은 과도한 컴퓨터 자원 소비로 인한 환경 관련 문제와 트랜잭션 처리 속도의 확장성 한계라는 근본적인 문제에 직면했다. 이에 이더리움은 2022년 9월 상하이 하드 포크를 통해 작업 증명에서 지분 증명 시스템으로 전환했다. 작업 증명에서는 블록 제안자의 선정 확률이 투입한 컴퓨팅 작업량에 비례했다면, 지분 증명에서는 예치한 토큰(이더리움의 경우 ETH)의 양에 비례하게 된다.

이더리움의 지분 증명 합의 알고리즘은 최소 조건을 충족한 참여자들 사이에서 세 단계로 진행된다. 첫 번째 단계에서는 블록 생성자와 검증자를 선정한다. 이더리움이 지분 증명으로 전환되면서 블록 생성은 사전에 정의된 순서를 따르게 되었다. 개별 블록이 생성되는 시간 단위를 슬롯이라 하며, 32개의 슬롯이 모여 하나의 에폭을 구성한다. 각 슬롯에는 RANDAO라는 난수 생성 알고리즘을 통해 하나의 블록 제안자와 최소 128개의 검증자가 무작위로 할당되어 블록을 생성하고 검증한다. 매 에폭마다 블록 제안자들은 다시 RANDAO 알고리즘에 따라 각 슬롯에 고르게 배분되며, 한 슬롯의 시간은 12초로 설정되어 있다.

블록 생성 과정은 다음과 같이 진행된다. 블록 제안자는 네트워크 사용자들로부터 전파받은 트랜잭션들을 수집하여 블록으로 구성한 후, 이를 주변의 다른 참여자들에게 전파한다. 블록을 전달받은 참여자들은 블록의 구성이 적절한지 검토하고 내부 트랜잭션과 디지털 서명을 확인하여 유효성을 검증한다. 블록이 유효하다고 판단되면 이를 증명하는 투표, 즉 증언attestation을 네트워크에 제출한다. 검증자는 자신의 슬롯 블록 제안자가 생성한 블록 외에도 다른 슬롯의 블록에 대해 유효성을 인정하는 투표를 할 수 있으며, 이 경우 포크가 발생하게 된다.

두 번째 단계는 체인에 포크가 발생했을 때 어느 가지를 채택할 것인지 결정하는 과정이다. 이더리움의 지분 증명에서는 LMD GHOST 알고리즘을 통해 가장 많은 검증자가 지지하는 포크를 선택한다. 이 알고리즘은 최초 블록부터 이어지는 블록들을 추적하면서 자식 블록들의 무게를 합산한다. 각 블록의 무게는 해당 블록에 대한 유효성 투표와 투표 참여자가 예치한 이더리움 지분을 곱한 값들의 총합으로 계산된다. 이를 통해 더 많은 지분이 선택한 블록들로 체인이 구성되도록 한다.

세 번째 단계는 블록 제안자가 생성한 블록과 그 내부 트랜잭션들의 완결성 획득 시점을 결정하는 것이다. 이더리움은 Casper FFGCasper the Friendly Finality Gadget 알고리즘을 통해 블록의 완결성을 판단한다. 캐스퍼 알고리즘은 체크포인트라는 단위를 기준으로 완결성을 검증하는데, 제네시스 블록으로부터 100번째, 200번째, 그리고 n번째 블록의 상태를 순차적으로 확인한다. 체크포인트 A에서 B로 이어지는 체인이 존재하고, 해당 구간에 대해 전체 네트워크 참여자의 3분의 2 이상이 유효성을 인정하면 supermajority link가 형성된다고 본다. 이더리움의 지분 증명에서는 제네시스 블록부터 마지막 체크포인트까지 supermajority link가 연속적으로 이어질 때, 해당 구간의 모든 블록이 완결성을 획득했다고 인정한다. 실제 운영에서 체크포인트는 단순히 100블록 단위로 구분되지 않고 에폭과 연계되며, 에폭 내 모든 슬롯에서 블록이 생성되지 않을 수 있음을 고려한 보완 규칙에 따라 선정된다.

이더리움 클라이언트, 노드 그리고 밸리데이터

비트코인 클라이언트는 비트코인 네트워크를 운영하기 위해 개인의 컴퓨터에서 실행되는 프로그램이다. 이더리움 클라이언트 역시 이더리움 네트워크를 운영하기 위해 노드 위에서 실행되는 프로그램으로서, 유사한 기능을 수행한다. 비트코인 클라이언트는 네트워크 참여자들이 전송한 트랜잭션을 검증하고 이를 블록으로 구성하며, 블록의 논스 값을 찾아 네트워크에 추가하는 역할을 단일 프로그램으로 수행한다. 즉, 트랜잭션의 실행부터 네트워크 기록을 위한 합의 과정까지 모든 기능이 하나의 프로그램에서 이루어진다.

반면 이더리움은 트랜잭션 실행 레이어와 합의 레이어가 명확히 구분되어 있으며, 각 레이어는 독립적인 클라이언트를 보유한다. 실행 클라이언트는 네트워크 사용자로부터 전파받은 트랜잭션을 EVM을 통해 실행하고, 이를 통해 네트워크에 저장된 데이터의 상태 변화를 관리한다. 이 클라이언트는 동일 노드의 합의 클라이언트와 연결되어 피어 투 피어 통신을 수행하며, 이를 통해 다른 실행 클라이언트들과 트랜잭션을 주고받는다.

합의 클라이언트는 비콘 노드라고도 불리며, 체인의 합의에 필요한 슬롯 정보와 에폭 정보를 포함한 다양한 데이터를 교환한다. 밸리데이터 클라이언트는 이더리움 네트워크의 합의 과정 참여에 필요한 예치 정보를 관리하며, 오직 자신이 속한 노드의 합의 클라이언트와만 통신한다. 합의 클라이언트는 밸리데이터 클라이언트로부터 새로운 블록 제안 시점과 가능한 슬롯에 대한 정보를 받으며, 블록 생성이 필요한 시점에는 블록에 포함될 정보를 요청한다. 블록이 생성되면 예치된 이더를 통해 블록에 서명하고, 합의 클라이언트를 통해 이를 다른 노드들에게 전파한다.

블록에 포함될 정보와 유효성 검증을 위한 실행은 실행 클라이언트가 담당한다. 이러한 클라이언트 분리 구조는 네트워크 성능 개선을 위한 업그레이드를 용이하게 하며, 향후 이더리움 로드맵 실행에 중요한 역할을 한다. 이러한 분리 구조로 인해 밸리데이터 노드와 풀 노드 간에도 차이가 발생한다. 비트코인에서는 합의 참여 노드들이 동일한 클라이언트를 운영하며, 단순히 합의 참여 여부를 나타내는 플래그로만 구분된다. 그러나 이더리움에서는 실행 클라이언트와 합의 클라이언트만을 운영하는 경우 네트워크의 모든 정보를 수신할 수 있는 풀노드가 되지만, 합의 과정에는 참여할 수 없다. 합의 과정에 참여하기 위해서는 밸리데이터 클라이언트를 추가로 실행하고 32 이더를 예치하여 밸리데이터로 전환해야 한다.

이더리움의 이러한 클라이언트 구조는 분산화된 네트워크 운영에 있어 효율성과 유연성을 제공하며, 네트워크의 확장성과 성능 향상에 핵심적인 역할을 한다. 이를 통해 이더리움 네트워크는 다양한 참여자들이 네트워크에 기여하고 그에 따른 보상을 받을 수 있는 환경을 조성하여, 지속 가능한 생태계를 구축해 나가고 있다.

퍼블릭 vs 프라이빗 블록체인, 그리고 인프라

• 퍼블릭 블록체인, 프라이빗 블록체인

퍼블릭 블록체인은 누구나 참여할 수 있는 개방형 네트워크로서, 탈중앙화를 통해 신뢰를 구축한다. 네트워크의 모든 참여자가 데이터를 검증하고 관리함으로써 높은 수준의 보안성과 투명성을 제공하는 시스템이다. 앞서 살펴본 비트코인과 이더리움이 이러한 퍼블릭 블록체인의 대표적인 사례이다. 그러나 퍼블릭 블록체인은 몇 가지 근본적인 한계를 가지고 있다.

첫째, 오라클 문제가 있다. 블록체인은 자체적으로 데이터의 무결성을 유지할 수 있지만, 외부 데이터를 활용할 때는 중개인을 신뢰해야 하는 모순이 발생한다. 중개인이 제공하는 데이터가 부정확하거나 조작된 경우, 블록체인 데이터의 신뢰성이 훼손될 수 있는 단일 실패 지점 Single Point of Failure, SPOF 문제가 발생한다.

둘째, 난수 생성의 형평성 문제가 존재한다. 블록체인은 내부에 진정한 의미의 무작위 요소가 없어, 난수 생성 시 공정성 문제가 발생할 수 있다. 게임의 확률적 요소나 무작위성이 필요한 시스템에서는 외부 난수를 활용해야 하는데, 이를 위해서는 신뢰할 수 있는 시스템을 설계하거나 난수 제공자에 대한 신뢰 리스크를 최소화하는 방안이 필요하다. 블록체인의 닫힌계 특성상 내부 인자로 생성한 난수는 결정론적 값을 가지게 된다. 예를 들어, 채굴자의 해시값을 난수 생성의 시드값으로 사용할 경우, 악의적인 채굴자는 트랜잭션 입력값과 자신의 해시값을 조합하여 결과를 미리 예측하고, 자신에게 불리한 트랜잭션을 블록에서 제외하는 등의 부정행위가 가능해진다.

셋째, 처리 속도의 한계가 존재한다. 퍼블릭 블록체인은 노드의 분산화와 탈중앙화로 인해 네트워크 송수신 속도에 제약이 있다. 지리적으로 멀리 떨어진 노드들 간의 데이터 송수신과 합의 도출에 상당한 시간이 소요되며, 참여 노드가 증가할수록 합의 시간도 늘어난다. 예를 들어, 코스모스 생태계에서 널리 사용되는 텐더민트 BFTTendermint BFT의 경우, 노드 수가 증가하면 합의 시간이 노드 수의 제곱에 비례하여 증가한다. 이러한 특성은 네트워크의 확장성을 제한하며, 중앙화된 서버 시스템과 비교할 때 퍼블릭 블록체인의 처리 능력이 현저히 떨어지는 원인이 된다.

마지막으로, 거래 내역의 공개성과 통제 불가능성이 문제가 될 수 있다. 퍼블릭 블록체인에서는 모든 거래 내역이 공개되며, 어떤 주체도 네트워크의 장부를 임의로 통제할 수 없다. 이러한 특성은 블록체인의 투명성과 보안성 측면에서는 강점이 되지만, 기업 사용자들에게는 심각한 위험 요소로 작용할 수 있다. 기업의 기밀 정보가 노출될 위험이 있고, 원하지 않는 트랜잭션에 대한 기본적인 통제조차 어려워 기업들이 퍼블릭 블록체인 도입을 주저하는 원인이 된다.

이러한 퍼블릭 블록체인의 한계를 보완하기 위해 프라이빗 블록체인이 등장했다. 프라이빗 블록체인은 특정 기관이나 조직이 중앙에서 관리하는 폐쇄형 네트워크로, 주로 기업의 내부 효율성 향상을 목적으로 활용된다. 이는 퍼블릭 블록체인과는 다른 고유의 장단점을 가진다.

• 프라이빗 블록체인 사례

프라이빗 블록체인은 퍼블릭 블록체인과는 달리 네트워크 참여에 허가가 필요하며, 네트워크를 구성하는 노드의 수가 제한되고, 데이터의 검증 및 생성 권한이 분리되는 등 퍼블릭 블록체인의 투명성과 비허가성과는 대조되는 특성을 가진다. 탈중앙화된 블록체인을 허가가 필요 없는 비허가성 블록체인Permissionless blockchain이라 부르는 반면, 분산원장 기술의 이점을 취하면서도 데이터 접근을 특정 주체로 제한하는 블록체인을 허가형 블록체인Permissioned Blockchain 또는 프라이빗 블록체인Private Blockchain이라 한다.

블록체인은 데이터 접근 권한과 분산원장 사용 여부에 따라 다음과 같이 구분할 수 있다:

	퍼블릭 블록체인	프라이빗 블록체인
데이터 접근	허가 불필요	허가 필요
분산원장 사용	사용	사용

대표적인 프라이빗 블록체인으로는 하이퍼레저, R3의 코다Corda, 리플Ripple, 나스닥Nasdaq의 링큐LinQ 등이 있다.

이어지는 내용에서는 IBM이 개발한 하이퍼레저Hyperledger와 그 구현체 중 하나인 하이퍼레저 패브릭Fabric을 통해 프라이빗 블록체인의 핵심 특성을 살펴보도록 하겠다.

• 프라이빗 블록체인의 대표주자 하이퍼레저Hyperledger

하이퍼레저 프로젝트는 리눅스 재단 산하의 하이퍼레저 재단 Hyperledger Foundation이 주도하는 개발 및 유지보수 프로젝트이다. 2016년 2월, SWIFT, Consensys, VMWare, IBM 등 30개 기관이 창

	기존 은행 시스템	퍼블릭 블록체인 시스템	프라이빗 블록체인
사용 기술	관계형 데이터베이스 (RDBMS)	블록체인	블록체인
데이터 저장 방식	중앙집중식	분산 원장	분산 원장
권한	중앙집중식	탈중앙화, Permissionless	부분 중앙화(조절 가능)
구조	클라이언트-서버 모델	peer-to-peer 모델	peer-to-peer 모델
속도 및 효율성	빠름	느림	중간(중앙화의 정도나 구조에 따라 변화)
데이터 무결성	한정적	높음	높음
보안	한정적	높음	높음
데이터 투명성	비투명(개인정보 보호)	투명함	반투명(조절 가능)
규제 준수	O	X	O
신뢰성	기술의 신뢰	기관과 법의 신뢰	기관과 법의 신뢰 + 기술의 신뢰
예시	Oracle, MySQL, IBM DB2	비트코인, 이더리움	하이퍼레저, 쿼럼, R3 Corda

립 멤버로 참여하여 시작되었으며, 블록체인 기술의 발전과 채택을 촉진하기 위한 다양한 협력과 오픈소스 프로젝트를 지원한다. 프로젝트는 프레임워크Framework와 툴Tool로 구분되는데, 주요 프레임워크에는 하이퍼레저 패브릭, 이로하Iroha, 소투스Sawtooth, 버로우Burrow, 인디Indy, 베수Besu 등이 있으며, 주요 툴로는 퀼트Quilt, 컴포저Composer, 익스플로러Explorer, 첼로Cello, 칼리퍼Caliper 등이 있다.

하이퍼레저 패브릭Hyperledger Fabric

하이퍼레저 패브릭은 2015년 9월 IBM의 암호화 및 분산 합의 연구원들이 오픈 블록체인OBC 프로젝트라는 이름으로 개발을 시작했다. 2017년 3월 첫 알파 버전 출시 이후 지속적인 업데이트를 거듭

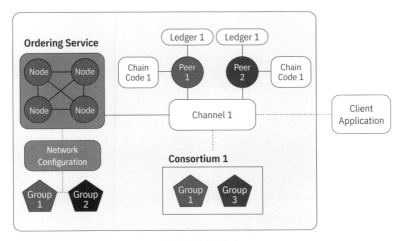

하이퍼레저 패브릭

하며 프라이빗 블록체인 프레임워크의 표준으로 자리 잡았다. 하이퍼레저 패브릭의 네트워크 구성 요소를 통해 프라이빗 블록체인의 주요 특성인 신원 관리, 프라이버시, 트랜잭션 동시 처리, 체인코드(스마트 컨트랙트)를 살펴보도록 하자.

신원 관리

프라이빗 블록체인에서는 네트워크 참여자의 권한 분리가 핵심적인 요소이다. 이를 위해 CA^Certificate Authority를 활용하여 네트워크 구성에 저장된 디지털 증명서를 통해 권한을 관리한다. CA는 디지털 증명서를 발급하는 기관으로, 이를 통해 네트워크 내 참여자들의 접근 권한을 세부적으로 설정할 수 있다. 예를 들어, 특정 참여자에게는 애플리케이션 배포 권한을 부여하고 다른 참여자에게는 해당 권한을 제한하는 방식의 차등적 권한 관리가 가능하다.

프라이버시와 기밀 유지

하이퍼레저 패브릭은 사용자들 간의 트랜잭션을 공유할 수 있는 '채널' 생성 기능을 제공한다. 이 채널은 다른 컨소시엄이나 네트워크 참여자들에게 비공개로 유지되며, 해당 데이터를 호스팅하는 피어^{Peer} 중에서도 적절한 CA를 보유한 피어만이 트랜잭션을 열람하고 기록할 수 있다. 이를 통해 기밀성이 요구되는 활동을 네트워크 내에서 충분한 프라이버시를 보장받으며 수행할 수 있다. 하이퍼레저 패브릭에서 각 채널은 독립적인 장부를 가지며, 이 장부를 호스팅하는 노드들을 피어라고 한다. 피어는 장부를 물리적으로 호스팅하고 체인코드(스마트 컨트랙트)를 저장하는 독립체로서, 적절한 ID를 부여받아 채널에 참여한다.

체인코드 탑재

체인코드는 하이퍼레저 패브릭의 스마트 컨트랙트로, Go, Node.js, Java 등 다양한 프로그래밍 언어를 사용하여 개발할 수 있다. 체인코드는 설치 후 반드시 해당 체인코드를 사용하는 노드들에게 설치 사실을 알려야 하며, 이후에는 약속된 노드들 사이에서만 작동한다.

트랜잭션 동시 처리

하이퍼레저 패브릭은 트랜잭션의 동시적, 병렬적 처리가 가능하도록 설계되어 있다. 이는 트랜잭션 검증에 일부 노드만이 참여하기 때문에 가능한 구조이다. 특정 노드에만 체인코드의 구현 로직을 설치함으로써 기존 퍼블릭 블록체인과는 차별화된 특성을 보인다. 퍼블릭 블록체인에서는 모든 노드가 동일한 스마트 컨트랙트를 실

	Fabric	Besu	Indy
목적	분산원장, 데이터 이력	토큰활용 분산원장	신원인증
히스토리	IBM → Hyperledger	Consensys → Hyperledger	Sorvin → Hyperledger
특징	Ordering node 별도	PoA(Authority) Tx도 Private 가능	ZKP
합의 알고리즘	Kafka, Raft	QBFT, IBFT, Clique	PBFT변형
프라이버시 방법	MSP, Channel	Node제한, Tessera	ZKP
스마트 컨트랙트(언어)	Golang, java	Java	Python
사례	Supplychain	STO, CBDC	DID

표2. 하이퍼레저 Fabric, Besu, Indy의 비교

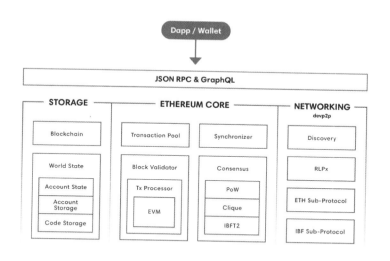

디앱/지갑을 통한 RPC & 쿼리 상호작용

출처 : Xord

행하고 상호 검증하여 결정적인 시스템 구조를 가지는 반면, 프라이빗 블록체인에서는 참여자들이 이미 검증된 주체들이므로 악의적 행위의 가능성이 극히 낮다.

이와 같이 하이퍼레저 패브릭을 통해 살펴본 프라이빗 블록체인은 폐쇄적 커뮤니케이션 방식, 권한의 분리, 검열 가능한 네트워크, 향상된 확장성 등의 특징을 가지며, 비트코인과 이더리움 같은 공개 네트워크와는 차별화된 접근 방식을 취한다. 하이퍼레저 프로젝트 참여 기관들은 개방형 네트워크의 잠재력과 위험을 모두 인지하고, 보다 제한적이고 규제된 권한형 네트워크 형태로 블록체인을 접근하고 있다.

2021년 디파이 섬머DeFi Summer 이후 블록체인 기술의 주도권이 공공 블록체인 진영으로 이동하면서 기업 주도형 프라이빗 블록체인의 기술 개발은 다소 둔화되었다. 그러나 특정 기능이나 섹터에 특화된 프라이빗 블록체인은 여전히 발전을 거듭하고 있다. 신원인증DID에 특화된 인디Indy, CBDC(중앙은행디지털화폐) 및 토큰화Tokenization에 초점을 맞춘 베수Besu 등이 대표적이다. 특히 베수는 퍼블릭 블록체인의 EVM 호환성을 유지하면서도 기업의 기본적인 보안 요구사항을 충족시키는 새로운 시도로 주목받고 있다.

디지털 시대의 신뢰 문제 해결을 위해 블록체인 기술은 필수적이며, 퍼블릭과 프라이빗 블록체인의 다양한 특성과 활용 사례를 이해하고 상황에 맞게 적절히 활용할 수 있는 역량을 갖추는 것이 중요하다.

• 블록체인 인프라와 그 중요성

인프라는 '인프라스트럭처Infrastructure'의 줄임말로, 사회와 경제활동이 원활하게 이루어지도록 지원하는 기초 시설을 의미한다. 이는 사회 경제의 장기적 유지를 위한 기반 시설이며, 국가나 기업이 사업을 계획할 때 가장 먼저 고려해야 할 수요와 공급의 핵심 요소이다.

통신망 인프라는 기술 발전과 함께 지속적으로 진화해왔다. 1세대(G) 이동통신이 상용화된 1984년부터 5세대(G)가 도입된 2019년까지, 통신 서비스는 음성에서 메시지, 데이터, 사물인터넷^{IoT}, VR 콘텐츠, UHD 영상으로 발전하며 콘텐츠의 다양성과 전송 속도 모두에서 획기적인 진보를 이루었다.

블록체인은 이러한 혁신의 주요 흐름 중 하나로, 기존 인프라 제공자들도 이 기술에 대한 연구를 지속하고 있다. 대표적으로 국내 통신사 KT는 2019년부터 5G와 더불어 블록체인 기술을 활용하여 금융, 에너지 거래, 헬스케어, 교통 결제 정산, 지역화폐 구축 등 다양한 분야에서 새로운 서비스를 시험 중이다. (KT는 BaaS 기반의 공정 추첨 시스템에서 이더리움의 블록 해시값을 활용한 난수 생성을 시도한 바 있다.)

전통적인 인프라 기업들과 마찬가지로, 블록체인 분야의 인프라 제공자들도 핵심적인 역할을 수행한다. 다만 이들은 탈중앙화 가치를 추구하며, 신뢰 없는 상호작용을 가능케 하는 기술을 오픈소스 형태로 개발하고 운영한다는 점에서 차별화된다. 특히 산업이 성장하면서 인프라 서비스도 다각화되어, 본 장에서는 이를 (1) 밸리데이터^{Validator}, (2) RPC 서비스, (3) 온체인 데이터 애널리틱스, (4) 지갑 (5) DID 서비스로 구분하여 주요 사례를 살펴보고자 한다.

(1) 밸리데이터 – Staking as a Service

대부분의 메인넷(스마트 컨트랙트 플랫폼)은 지분증명 Proof of Stake : PoS 기반의 합의 구조를 채택하고 있다. 이 구조에서 네트워크는 지분을 기반으로 블록을 생성하며, 밸리데이터가 블록의 생성과 검증을 담당한다. 이는 블록체인 노드 운영으로, 기술적 관점에서 데브옵스 DevOps 엔지니어의 역할과 유사하다.

밸리데이터는 블록 생성과 검증에 대한 보상을 받는다. 이 보상은 블록 생성 시 새로운 토큰의 발행이나 정해진 풀에서의 지급 형태로 이루어진다. 예를 들어, 서빈이가 성헌이에게 10 ETH를 전송할 때, 밸리데이터는 서빈이의 잔액 확인부터 성헌이의 수령과 서빈이 계정의 차감까지 전 과정을 검증하여 이중지불이나 버그를 방지한다.

자금력과 기술력을 갖춘 기업형 밸리데이터들이 시장의 큰 비중을 차지한다. 이들은 다른 사용자들의 스테이킹 자산을 위임받아 보상을 제공하는 Staking as a Service SaaS도 운영하는데, 지분증명 네트워크에서는 스테이킹된 자산 규모가 클수록 보상 확률이 높아진다.

대표적인 밸리데이터로는 Alchemy, A41, Blockdaemon, Chorus One, ConsenSys, DSRV, Figment, Kiln, P2P 등이 있으며, 개인이나 소규모 팀이 운영하는 밸리데이터도 다수 존재한다.

(2) RPC 서비스

RPC Remote Procedure Call 노드 제공 서비스는 블록체인 생태계의 핵심 인프라다. RPC는 스마트 컨트랙트 실행, 함수 호출 등 노드 클라이언트에 대한 작업 요청과 데이터 수신을 담당하는 인터페이스로,

사용자의 요청을 실제 블록 생성자에게 전달한다.

RPC 노드는 블록체인 기반 탈중앙화 애플리케이션DApp의 원활한 운영을 지원한다. 대부분의 DApp 프로젝트는 비용 효율성을 위해 자체 노드 인프라 대신 RPC 서비스 제공자의 구독형 서비스를 활용한다.

주요 RPC 노드 서비스 제공자로는 알케미Alchemy, 인퓨라Infura, 퀵노드Quicknode 등이 있으며, 국내에서는 DSRV가 올댓노드All-That-Node를 통해 RPC 노드 서비스를 제공하고 있다.

(3) 온체인 데이터 애널리틱스

온체인 데이터 애널리틱스 서비스는 블록체인상의 트랜잭션 기록을 저장, 인덱싱, 가공하여 유의미한 정보를 추출한다. 온체인 데이터는 탈중앙화 거래소에서의 토큰 스왑이나 개인 지갑 간 자금 이체 등 블록체인에서 발생하는 모든 트랜잭션의 기록을 포함한다.

온체인 데이터는 가공 수준에 따라 여러 형태로 제공된다. 그중 익스플로러Explorer는 블록체인의 원시 데이터를 가장 기본적인 형태로 제공하며, 이더스캔Etherscan과 블록스카우트Blockscout가 대표적이다.

(4) 지갑 서비스

지갑 서비스는 블록체인 네트워크에서 사용자의 공개키와 비밀키를 안전하게 보관하고 관리한다. 이를 통해 사용자는 블록체인 네트워크에 쉽게 접근하고 트랜잭션을 수행할 수 있다. 메타마스크Metamask, 트러스트 월렛Trust Wallet, 레저Ledger 등이 대표적인 지갑 서비스다.

(5) DID 서비스

DID^{Decentralized Identity} 서비스는 블록체인 네트워크에서 사용자의 신원을 안전하고 탈중앙화된 방식으로 관리한다. 대표적인 사례로 세계 최초의 블록체인 기반 코로나19 백신접종 인증 애플리케이션 COOV가 있다. COOV는 블록체인 기술로 증명서의 위변조를 방지하고, 사용 이력을 서버에 저장하지 않아 프라이버시를 보호한다.

COOV의 기반이 되는 백신 인증 솔루션 PASS INFRA는 전 세계 정부와 단체에 무료로 제공되어, 국제 공항에서 입국 시 예방접종 증명에 활용되었다. 이처럼 DID 기술은 사용자가 필요한 정보만을 선별적으로 공유할 수 있게 함으로써, 데이터 주권과 프라이버시 보호의 효과적인 해결책이 될 수 있다.

• 블록체인 인프라의 중요성

블록체인 인프라는 다층적 구조로 발전하며 블록체인 생태계의 안정성과 신뢰성을 보장하는 핵심 역할을 수행한다. 이러한 인프라 서비스는 블록체인 시스템의 지속 가능한 운영을 지원하고, 보안 위험에 따른 해킹 사고를 예방하며, 전통 금융과 동등한 수준의 보안을 유지한다. 이를 통해 전통 시장의 대규모 자본 유입을 가능하게 하고, 웹3 생태계의 대중화를 촉진한다.

블록체인 기술이 처음 등장했을 때는 네트워크 사용자가 곧 네트워크 참여자가 되어 인프라 프로그램을 직접 실행하는 것을 지향했다. 그러나 블록체인 네트워크의 확산에 따라 필요한 하드웨어 리소스 비용이 기하급수적으로 증가하면서, 이를 지원하는 인프라의 중요성이 더욱 커지고 있다.

• 블록체인 기술의 미래

'인터넷' 기술을 활용하는 쇼핑몰이 '이커머스' 산업으로 분류되듯, 기술은 다양한 산업과 융합되어 새로운 시장과 가치를 창출한다. 그런데 블록체인은 특이하게도 '블록체인 산업'이라는 독자적인 시장을 형성했다.

2009년 1월 비트코인이라는 최초의 블록체인 네트워크가 등장한 이후, 수많은 새로운 블록체인이 계속해서 개발되고 있다. 블록체인이 무신뢰 프로토콜로서 기능한다면 단일 네트워크로의 표준화가 자연스러워 보일 수 있다. 그렇다면 왜 지금까지도 새로운 블록체인 네트워크들이 계속 연구되고 등장하는 것일까? 이는 비탈릭 부테린이 제시한 '블록체인 트릴레마'에서 그 해답을 찾을 수 있다. 블록체인 트릴레마란 "탈중앙화Decentralization, 보안성Security, 확장성Scalability"이라는 세 가지 요소를 동시에 충족하기 어렵다[1]는 개념이다.

네트워크의 탈중앙화는 블록체인의 비가역성과 안정성을 강화하여, 신뢰 주체 없이도 모든 참여자가 장부 데이터를 확인하고 검증할 수 있게 한다. 하지만 탈중앙화의 실현은 참여자 증가, 저장 공간 확대, 데이터 처리 부하 증가로 인해 확장성을 제한한다. 결과적으로 블록체인은 동일 성능의 단일 데이터베이스보다 낮은 성능을 보이게 되며, 이는 블록체인의 활용 범위를 제한하고 대중화를

---

1   2002년 낸시 린치와 세스 길버트에 의해 제안된 CAP 이론에 의해 증명된다. 분산 시스템이 일관성(Consistency), 가용성(Availability) 및 분단 허용성(Partition Tolerance)라는 세 가지 특성을 동시에 모두 달성하는 것이 불가능함을 증명하는 이론이다. 블록체인 역시 분산 시스템이기에 CAP 이론의 조건에 의해 블록체인 탈중앙화는 극복할 수 없는 문제이다.

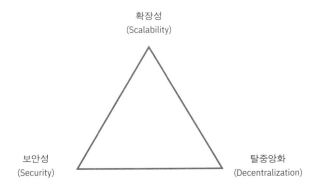

블록체인의 트릴레마

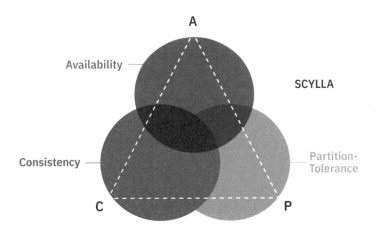

캡 이론(CAP Theorem)

저해하는 요인이 되었다.

이러한 현상은 캡 이론^{CAP Theorem}으로 설명할 수 있다. 이 이론에 따르면, 분산 데이터베이스 시스템은 데이터 일관성^{Consistency}, 가용성^{Availability}, 분할 내성^{Partition Tolerance}을 동시에 만족할 수 없다. 블록체인도 분산 데이터베이스의 일종으로, 높은 데이터 일관성이 필수적이다. 따라서 구조적 탈중앙성이 높아질수록 성능 저하 문제가 불가피하다.

이러한 한계를 극복하기 위해 다양한 블록체인 프로젝트들이 등장했다. 단순한 속도 향상이 기술의 진보를 의미하지는 않으며, 확장성 강화는 필연적으로 탈중앙성의 약화를 수반한다. 한편 프라이빗 블록체인과 비허가형 블록체인의 등장으로 접근 제한을 통한 속도 개선과 프라이버시 보장이 가능해져, 기업용 블록체인의 요구 사항도 충족할 수 있게 되었다.

그럼에도 블록체인은 기존 인터넷 기술에 비해 여전히 비용이 높고 사용이 불편하다. 이는 신뢰 기관 없이도 신뢰를 보장하는 무신뢰성을 확보하기 위한 필연적인 대가라고 할 수 있다.

다음 장에서는 이 블록체인 네트워크가 어떻게 암호화폐와 결합해 무신뢰 기반 경제 체계를 구축하는지 살펴보자.

모놀리틱 블록체인과 모듈러 블록체인

블록체인은 거래의 실행과 블록의 합의, 합의된 거래의 완결성 보장, 그리고
블록체인상 거래 데이터에 대한 접근을 보장하는 핵심 작업을 수행한다. 이러한
핵심 작업은 순서대로 실행Execution, 합의Consensus, 정산Settlement, 그리고 데이터
가용성Data availability이다. 네 가지 핵심 작업을 모두 수행해야 블록체인이라
할 수 있으며, 비트코인처럼 이 작업들을 하나의 블록체인에서 모두 처리하는
경우를 모놀리틱Monolithic 블록체인, 여러 블록체인이 나누어 처리하는 구조를
모듈러Modular 블록체인이라고 한다.

이더리움은 2013년 비탈릭 부테린Vitalik Buterin이 제안한 백서로 처음
등장했으며, 스마트 컨트랙트Smart contract를 도입해 다양한 애플리케이션이
이더리움 위에서 작동하도록 했다. 당시 이더리움은 비트코인과 같이 모든 핵심
작업을 한 블록체인에서 처리하는 모놀리틱 블록체인이었다. 그러나 2017년,
이더리움의 애플리케이션이었던 크립토키티CryptoKitties로 인한 네트워크
과부하로 확장성 문제가 제기되었다. 이더리움의 리소스를 사용하는 작업에는
가스비Gas fee라는 수수료를 지불해야 했는데, 네트워크 과부하 시 가스비가
과도하게 상승하는 것이 문제였다. 이를 해결하기 위해 2018년, 거래 실행과
연산을 다른 계층에서 처리하는 롤업Rollup이라는 개념이 등장했다. 이더리움의
로드맵 역시 확장성 개선을 위한 모듈러 블록체인 구조로 업데이트되면서,
이더리움은 모듈러 블록체인의 성질을 띠게 되었다.

한편, 이더리움이 모듈러 블록체인 구조를 채택하며 확장성을 개선하는
동안 2020년 솔라나가 등장했다. 솔라나는 PoHProof of History를 합의 과정으로
도입해 합의 속도를 높이고, Sealevel이라는 병렬 스마트 컨트랙트 실행 환경으로
거래 실행 속도를 향상했으며, Gulf Stream 프로토콜을 통해 멤풀 없이 거래를
전파함으로써 거래 전파 속도를 개선했다. 이외에도 거래 처리 속도 향상을
위한 다양한 프로토콜을 도입했다. 솔라나의 낮은 수수료 덕분에 매직에덴Magic
Eden과 같은 NFT 거래소가 활성화되어 많은 사용자를 확보했다. 그러나 솔라나는

이더리움만큼 안정적이지 못했고, 노드 실행에 고성능 하드웨어를 요구했다.

솔라나가 체인의 안정성과 노드 중앙화 문제로 주춤하는 동안, 이더리움과 셀레스티아를 필두로 한 모듈러 블록체인 생태계가 성장했다. 이더리움 생태계에서는 롤업이 확장성 해결의 핵심 도구로 부상하며, 옵티미즘Optimism과 아비트럼Arbitrum을 비롯한 다수의 옵티미스틱 롤업, 그리고 지케이싱크zkSync와 스크롤Scroll 같은 다수의 ZK 롤업이 등장했다. 이러한 롤업 중심의 실행 환경에서는 롤업이 거래의 실행과 연산을 담당하고, 나머지 블록체인 핵심 작업인 합의, 정산, 데이터 가용성은 이더리움 레이어 1이 분담함으로써 이더리움 생태계의 과도한 가스비 문제를 해결했다. 예를 들어, 토큰의 송수신이나 스마트 컨트랙트 실행은 특정 롤업에서 처리되며, 각 롤업은 실행 결과를 모아 이더리움에 저장함으로써 이더리움의 보안성을 공유받는다. 이를 통해 롤업은 이더리움의 확장성을 높이면서도 강력한 보안성과 신뢰성을 유지할 수 있다.

모듈러 블록체인 내러티브Narrative를 이끈 프로젝트인 셀레스티아는 데이터 가용성을 담당하는 블록체인으로, 현재까지 약 20여 개의 롤업이 셀레스티아를 기반으로 구축되었다. 뿐만 아니라 어베일Avail, EigenDA[1]와 같은 다른 데이터 가용성 블록체인과 정산을 담당하는 디멘션Dymension 등 수많은 모듈러 블록체인 생태계 프로젝트들이 등장해 각자의 문제를 해결하고 있다. 최근에는 블록체인 사용자 경험 개선을 위한 체인 추상화라는 개념이 등장했는데, 이는 수많은 모듈러 블록체인 생태계를 사용자가 원하는 대로 쉽게 사용할 수 있도록 통합해주는 역할을 한다. 이처럼 현재 모듈러 블록체인은 활발한 논의와 개발이 이루어지며 주목받고 있다.

그렇다고 모놀리틱 블록체인이 열등하다는 의미는 아니다. 이더리움이 모듈러 블록체인으로 구조를 변경할 수밖에 없었던 데에는 명확한 이유가 있다. 기존 블록체인의 핵심Core 기술인 컨센서스 엔진, 실행 환경 등을 변경하여 확장성 문제를 해결하는 것이 매우 어렵거나 복잡하기 때문이다. 반면 처음부터 새롭게 설계하는 모놀리틱 블록체인의 경우, 필요한 트랜잭션이나 활용 형태를 정의하고 이에 맞게 확장성을 대폭 개선할 수 있다. 솔라나, 앱토스, 수이 등이

---

1   아이겐 레이어(Eigen Layer)의 데이터 가용성 솔루션

이러한 모놀리틱 블록체인의 대표적 사례다.

기술적 관점 외에도 모놀리틱 블록체인의 큰 특징 중 하나는 독자적인 커뮤니티 구축이 필요하다는 점이다. 모듈러 블록체인은 여러 블록체인이 공존하며 커뮤니티 기반을 공유할 수 있지만, 모놀리틱 블록체인은 그렇지 않다. 최근 등장한 베라체인, 모나드와 같은 모놀리틱 블록체인은 기술적인 부분뿐만 아니라 독자적인 커뮤니티 구축에도 많은 노력을 기울이고 있다. 결론적으로 블록체인 구조와 기술의 우열을 가리는 것도 중요하지만, 어떤 블록체인이 더 열성적인 커뮤니티를 구축하는지 또한 주요한 관전 포인트다. 결국 플랫폼으로서의 가치는 그 위에서 애플리케이션을 만들어내는 사용자들에 의해 결정되기 때문이다.

3장

암호화폐의 본질

암호화폐란 무엇인가

비트코인이 등장한 이후, 암호화폐는 지속적으로 그 존재 이유에 대한 의문을 받아왔다. 이러한 의문은 주로 암호화폐의 심각한 가격 변동성에서 비롯된다. '암호화폐'라는 명칭에도 불구하고, 이는 화폐의 기본적 기능인 '교환의 매개체', '가치의 저장 수단', '가치 척도의 단위'를 충분히 수행하지 못했다. 특히 극심한 가격 변동성은 암호화폐가 실질적 거래 수단으로 정착하는 데 큰 걸림돌이 되어왔다.

셀시우스 파산, FTX 붕괴, 테라·루나 폭락 사태는 암호화폐의 불안정성을 여실히 보여주는 사례다. 이러한 사건들로 인해 암호화폐의 화폐로서의 기능에 대한 회의감이 커졌고, 이는 블록체인 산업 전반에 대한 불신으로 확대되었다.

반면 세계 각국의 정부, 규제기관, 은행, 자산운용사, 빅테크 기업은 이미 각자의 관점에서 암호화폐의 존재 의의와 블록체인 활용 방안을 제시할 준비를 마쳤다. 미국 바이든 행정부의 디지털 자산 관련 행정명령[1], 국제결제은행BIS과 프랑스, 싱가포르, 스위스 중앙은행이 공동으로 추진 중인 마리아나 프로젝트[2], SEC의 비트코인 ETF 승인 등이 이러한 흐름을 잘 보여준다. 이는 암호화폐가 단순한 투자 상품을 넘어 블록체인 경제의 핵심 요소로 자리 잡을 수 있음을 시사한다.

---

1   Executive Order on Ensuring Responsible Development of Digital Assets
2   퍼블릭 블록체인의 토큰 표준, 브릿지, AMM 컨트랙트를 활용해 서로 다른 국가 간의 도매 CBDC 거래를 지원하기 위한 프로젝트

블록체인 네트워크가 무신뢰성이라는 특성을 유지할 수 있는 근본적인 이유는, 네트워크의 유지·관리를 담당하는 채굴자와 검증자들이 서로에 대한 정보 없이도 암호화폐라는 공동의 이익을 위해 신뢰성 있게 행동하기 때문이다. 이때 암호화폐는 이들에게 네트워크를 지속적으로 유지하도록 하는 경제적 동기로 작용한다.

먼저 '암호화폐'라는 용어에 대한 명확한 이해가 필요하다. 투자자와 실무자를 막론하고 암호화폐 관련 용어를 혼용하는 경우가 많은데, 이는 아직 국제적으로 합의된 표준 용어가 없기 때문이다. 비트코인이 등장한 지 10년이 넘었음에도 각 국가와 기관은 여전히 독자적인 용어를 사용하고 있다. 국내의 경우 2021년 3월 특정 금융거래정보의 보고 및 이용 등에 관한 법률(이하 '특정금융정보법') 시행 이후 '가상자산Virtual Asset'이라는 용어가 보편화되었다. 특정금융정보법상 '가상자산'이란 전자적으로 거래나 이전이 가능한 경제적 가치를 지닌 전자적 증표 및 관련 권리를 의미하며, 법에서 정한 일부 항목[3]은 제외된다.[4] 즉, 가상자산은 암호화폐와 디지털 자산을 포괄하는 상위 개념으로, 디지털 형태로 존재하는 모든 가치 있는 자산을 지칭한다.

'가상자산'이라는 용어는 국제자금세탁방지기구FATF가 사용하는 용어이며, 특정금융정보법이 FATF 권고안을 반영하고 있어 이 용어를 채택한 것으로 보인다. 미국의 경우, 바이든 행정부와 SEC증

---

3 화폐·재화·용역 등으로 교환될 수 없는 전자적 증표 또는 그 증표에 관한 정보로서 발행인이 사용처와 그 용도를 제한한 것, 게임물의 이용을 통하여 획득한 유·무형의 결과물, 선불전자지급수단, 전자화폐, 전자등록주식, 전자어음, 전자선하증권 등.

4 특정 금융거래정보의 보고 및 이용 등에 관한 법률 제2조 제3항.

권거래위원회, CFTC상품선물거래위원회는 '디지털자산Digital Asset'이라는 용어를, FRB연방준비제도이사회는 주로 '암호자산Crypto Asset'이라는 용어를 사용한다. 이들 용어에 공통으로 들어가는 단어는 '자산'인데, 이는 현재까지 진정한 '화폐'의 기능을 수행하는 암호화폐가 거의 없으며, 규제 기관 입장에서 이를 '화폐'로 지칭할 경우 법정화폐와 유사한 지위를 인정하는 것으로 비춰질 수 있기 때문으로 해석된다.

화폐는 상품의 가치를 나타내고 지불 수단으로 사용되는 교환 매개체다. 이러한 맥락에서 암호화폐는 블록체인 기반 서비스 이용과 NFT 등 디지털 자산 거래를 위한 교환 수단이자 가치 측정 단위로 기능한다. 블록체인 생태계 내에서 암호화폐가 이러한 화폐의 기능을 수행하고 있기에, 필자는 블록체인 기술 기반의 암호화 자산을 지칭할 때 '암호화폐'라는 용어를 사용하고자 한다.

가상자산과 암호화폐 외에도 구분이 필요한 개념이 있는데, 바로 '코인'과 '토큰'이다. 정설은 없지만, 블록체인 생태계에서 이 둘은 암호화폐의 하위 개념으로서 각각 다른 역할과 의미를 지닌다. 이들의 차이를 이해하는 것은 암호화폐와 블록체인 기술 간의 연관성을 파악하는 데 중요하다. 다만, 코인과 토큰 사이에 절대적인 위계나 분류 기준은 없으며, 상황에 따라 그 개념이 유동적일 수 있다.

코인은 주로 독립된 블록체인 네트워크를 기반으로 탄생한다. 예를 들어, 비트코인BTC은 비트코인 네트워크에서 동작하는 코인이다. 비트코인 네트워크에서 동작한다는 것은, 비트코인이라는 암호화폐가 네트워크의 보안과 거래 처리에 직접 관여한다는 뜻이다. 다른 예로, 이더리움ETH은 이더리움 네트워크에서 거래 처리를 위한 수수료로 사용된다. 기본적으로 다른 코인이나 토큰으로 수수료를 지불할 수 없으나, 계정 추상화Account Abstraction의 Paymaster 컨트랙트를 활용하면 예외적으로 토큰으로도 거래 수수료 지불이 가능하다.

토큰은 일반적으로 블록체인 네트워크에서 생성되는 데이터의 일종으로, 이더리움과 같은 플랫폼 위에서 구현된 각 애플리케이션의 목적 달성에 활용된다. 대부분의 개방형 블록체인에서는 스마트 컨트랙트를 통해 누구나 토큰을 생성할 수 있으며, 해당 토큰은 스마트 컨트랙트가 배포된 네트워크 내에서만 사용 가능하다.

이러한 배경지식을 토대로 3장에서는 블록체인 네트워크, 서비스, 그리고 암호화폐 간의 연관성을 살펴보고자 한다. 아울러 암호화폐의 발행 목적과 효용을 중심으로 그 필요성을 상세히 검토할 것이다.

왜 필요한가 : 무신뢰 환경의 경제 보안

업비트, 빗썸과 같은 중앙화 거래소나 암호화폐 지갑을 통해 암호화폐를 전송하거나 거래해 본 경험이 있는가? 사용자는 이러한 도구들을 통해 블록체인 기반 서비스를 손쉽게 이용할 수 있다. 그러나 퍼블릭(비허가형) 블록체인을 통한 거래는 기존 결제 방식에서는 볼 수 없었던 높은 수준의 복잡성을 수반한다.

퍼블릭 네트워크를 활용하기 위해서는 기존 지불결제 방식과는 다른 생소한 과정이 필요하다. 사용자가 직접 개인키Private key[5]를

---

5   주민등록번호와 같이 한 주체를 고유하게 식별할 수 있는 내용이면서, 누구나 함부로 접근할 수 없는 개인정보의 성격을 갖는다.

보관하는 비수탁형 지갑[6]의 생성과 관리, 블록체인 상호작용 시마다 수행하는 서명Signature 과정, 네트워크의 코인으로만 지불 가능한 거래 수수료 등이 그것이다. 특히 거래 수수료는 카드 결제 시 발생하는 수수료와 유사하다. 카드로 결제할 때 우리는 명시적인 수수료를 지불하지 않지만, 매장은 VAN사나 PG사로부터 결제액에서 수수료를 제외한 금액을 지급받는다. 블록체인의 거래 수수료도 이와 같이 네트워크 사용에 대한 대가다. 이 수수료는 거래가 제출될 때마다 거래의 무결성을 검증하고 블록에 거래정보를 기록하는 블록 생성자와 거래 검증자에게 보상으로 지급된다.

그러나 일반적으로 블록 생성자와 검증자가 받는 보상은 수수료에 국한되지 않는다. 이들은 수수료와 함께 '블록 보상'을 지급받는다. 신생 블록체인 네트워크의 경우 이용자가 없다면 수수료가 발생하지 않아 블록 생성자와 거래 검증자들에게 보상이 돌아가지 않을 수 있다. 이들의 네트워크 참여 동기를 유지하고 초기 네트워크 활성화를 위해 블록 보상이 분배된다.

블록체인 네트워크를 레스토랑에, 블록 생성자와 검증자로 구성된 네트워크 참여자를 종업원에 비유한다면, 블록 보상은 레스토랑이 종업원에게 지급하는 정기 급여이며, 수수료는 손님이 종업원에게 지급하는 팁에 해당한다. 이처럼 수수료와 블록 보상을 통해 형성되는 인센티브 구조는 블록체인 경제 모델과 네트워크의 근간을 이룬다.

블록체인 거래 이용자는 거래 시작 시 수수료 수준을 설정할 수

---

6   개인키와 지갑 소유자의 서명 없이는 그 누구도 접근 권한을 가질 수 없는 계좌이다.

있으며, 블록 생성자와 검증자는 각 거래의 수수료를 확인하여 높은 수수료를 지불하는 거래를 우선 처리할 수 있다. 즉, 거래 이용자의 수수료 설정은 블록 생성자와 검증자가 거래의 우선순위를 정하고 효율적으로 처리하도록 하는 유인이 된다. 거래 당사자는 수수료 지불을 통해 네트워크 보안에 기여하는 참여자들과 경제적 연결을 구축하게 된다.

이러한 관계의 중심에는 거래 당사자의 기대와 블록 생성자 및 검증자의 노력 사이 균형이 존재한다. 사용자는 신속하고 안정적인 거래 처리를 원하며, 이는 경쟁력 있는 수수료 책정으로 이어진다. 블록 생성자와 검증자는 더 큰 보상을 위해 수수료가 높은 거래를 우선 처리한다. 이로 인해 거래 수요가 많은 시기에는 안정적인 처리를 위한 사용자 간 수수료 경쟁이 발생하며, 수수료가 일시적으로 상승하는 경향을 보인다. 수수료의 증가는 해당 네트워크와 애플리케이션의 수요 및 효용을 반영한다. 따라서 수수료는 블록 생성과 데이터 검증에 대한 보상 역할을 하는 동시에, 네트워크의 활성화 상태와 수요를 보여주는 동적 지표로도 활용된다.

수수료는 단순한 거래 처리 수단을 넘어, 블록체인 네트워크의 지속성을 위한 블록 생성 및 검증 과정에서 핵심적 역할을 한다. 새로운 블록을 생성하고 거래 데이터를 확인하는 블록 생성자는 이러한 인센티브를 기반으로 블록체인 네트워크에 지속적으로 참여한다. 블록체인 경제의 큰 틀에서 암호화폐는 사용자, 블록 생성자, 검증자를 유기적으로 연결하고 각 주체의 인센티브와 책임이 일치하도록 돕는 매개체 역할을 한다. 블록체인 네트워크 차원에서 암호화폐의 본질적 가치는 네트워크 주체들 간의 경제적 인센티브 관계와 밀접하게 연관되어 있다.

극단적으로 암호화폐의 가치가 0원으로 수렴한다고 가정해보자. 이용자의 거래를 처리하더라도 블록 생성자와 검증자가 받는 보상은 무의미한 수준이 될 것이다. 아무리 많은 암호화폐를 보상으로 받더라도 그 가치가 없다면, 블록 생성자와 검증자가 네트워크에 참여할 경제적 이유가 사라진다. 블록 생성과 검증에 수반되는 비용이 보상보다 크기 때문이다. 이로 인해 블록 생성자와 검증자는 네트워크에서 이탈하게 되고, 결국 전체 블록체인 네트워크의 보안 수준이 크게 저하될 것이다.

유의미한 보상이 없다면 네트워크 보안을 위한 활동 참여 동기가 약화되고, 결국 참여자들의 상호작용으로 구축된 블록체인의 보안이 무너지게 된다. 또한 네트워크 참여자 감소로 인해 전반적인 거래 처리 능력이 저하되거나, 소수 참여자에 의해 네트워크가 좌우되는 중앙화 현상이 발생할 수 있다.

블록체인 기술의 근간인 탈중앙화된 합의 메커니즘은 다수 참여자가 거래의 무결성을 검증하고 그 결과에 동의하는 과정에 기초한다. 그러나 네트워크의 균형이 깨져 소수의 참여자만 남게 되면, 악의적 공격과 이중 지불 공격에 취약해질 수 있다.

- 이중 지불 공격이란?

  동일한 자산이 두 명의 수신자에게 동시에 전송되는 문제를 말한다. 디지털 환경에서는 데이터의 위변조와 복제가 용이하여 이중 지불 문제가 발생할 수 있기 때문에, 그동안은 중앙 기관을 통한 거래와 신원 정보 저장이 필수적이었다. 그러나 블록체인은 합의 알고리즘을 통해 이중 지불 문제를 해결했다. 공개키와 개인키를 통한 자산 소유권 인증으로 신원 확인 없이도 거래가 가능해졌으며, UTXO^{Unspent Transaction}

Outputs, 미사용 트랜잭션 출력값와 논스Nonce 값 등을 활용하여 이중 지불을 방지하고 있다.

위험 사례로는 2022년 5월의 테라 사태가 대표적이다. 당시 UST Terra USD[7]의 1달러 고정이 실패하며 여러 요인으로 인해 LUNA[8]의 가격이 급락했고, 이로 인해 거버넌스 공격[9] 위험이 발생했다. 암호화폐 가격이 하락하면서 공격 비용도 함께 감소했다. 이에 테라 네트워크의 검증자들은 심각한 LUNA 인플레이션과 공격 비용 감소로 인한 거버넌스 공격을 방지하고자, 테라 체인을 일시 중단하기로 결정했다. 이후 추가 위임을 비활성화하는 패치를 적용한 뒤 네트워크를 재가동했다.

블록체인 생태계는 보상과 기여 사이의 지속적인 상호작용을 통해 섬세한 균형을 유지하고자 한다. 블록 생성자와 검증자들은 자신들의 노력에 상응하는 보상을 기대하며, 이들은 성실한 참여를 통해 네트워크의 무결성을 보호한다. 이러한 참여자들은 네트워크의 보안과 안정성에 자신의 이해관계를 연계함으로써 블록체인을 지켜나갈 동기를 얻게 된다.

그렇다면 네트워크 참여 보상과 수수료로 사용되는 암호화폐의 가치는 어떻게 유지되고 보존될 수 있을까? 이 문제에는 블록체

---

7   테라의 알고리즘 기반 달러 추종 스테이블코인
8   테라 네트워크의 거버넌스 토큰이자 UST 가격 안정화 메커니즘의 핵심 코인
9   블록체인 네트워크에서 암호화폐 보유량에 따라 의사결정 권한이 부여되는 경우, 악의적인 주체가 대량의 암호화폐를 확보하여 네트워크의 의사결정을 장악하려는 시도를 말한다. 특히 암호화폐 가격이 급락할 경우, 상대적으로 적은 비용으로 많은 물량을 확보할 수 있어 공격 위험이 높아진다. 이러한 공격이 성공하면 네트워크의 규칙 변경이나 자산 탈취 등 심각한 피해가 발생할 수 있다.

인 생태계의 경제적 보안을 뒷받침하는 다양한 요소들이 복잡하게 얽혀 있다. 암호화폐의 가치 유지는 기술 혁신, 사용자 참여, 시장 상황, 네트워크 건전성 등을 종합적으로 고려한 다면적인 틀에 기반한다.

핵심은 암호화폐를 중심으로 강력한 생태계를 조성하는 것이다. 이 생태계에 참여하는 개발자, 사용자, 채굴자 및 기타 이해관계자들은 네트워크의 가치와 사용성 향상에 기여한다. 암호화폐를 다양한 애플리케이션, 플랫폼, 서비스에 통합하려는 지속적인 노력은 해당 네트워크의 효용을 높여 암호화폐의 가치를 강화하는 지속 가능한 수요를 창출한다.

다만 수요 측면의 요인들은 복합적으로 작용하므로, 공급 측면에서 암호화폐를 살펴보면 더 직관적인 이해가 가능하다. 이에 시장에서 가장 큰 인정을 받는 비트코인과 이더리움의 공급 구조를 살펴보고자 한다. 흥미롭게도 이 두 코인은 상반된 형태의 공급 구조를 보여준다.

비트코인은 초기 프로토콜에 따라 최대 공급량이 2,100만 개로 제한되어 있으며, 반감기Halving로 인해 신규 발행량은 약 4년[10]마다 절반으로 감소한다. 이러한 경제적 보안 구조 아래에서 네트워크 참여자의 진입과 탈퇴가 이루어지며, 네트워크 운영 기간이 길어질수록 신뢰도가 강화된다. 네트워크의 신뢰도가 높아지면 더 다양하고 큰 규모의 주체들이 해당 네트워크를 활용할 가능성도 커진다.

네트워크 활용도가 높아지면 수수료 수입이 증가하고, 이는 채

---

10 비트코인 네트워크의 블록은 약 10분마다 하나씩 생성되며, 생성된 블록이 21만 개가 될 때마다 블록당 비트코인 발행량이 기존 발행량의 50%로 감소한다.

굴자의 보상 증가로 이어져 더 많은 참여자를 유인한다. 이렇게 다양한 주체로 분산된 네트워크는 더 강력한 신뢰성과 보안성을 제공하는 인프라로 발전하는 선순환 구조를 형성한다. 실제로 비트코인 결제 솔루션인 라이트닝 네트워크의 규모는 2024년 기준 3억 달러를 넘어섰으며, 페라리, 혼다 등 대기업의 비트코인 결제 도입으로 그 활용성이 빠르게 확대되고 있다.

비트코인의 활용성이 확대될수록 수수료 보상도 증가한다. 수수료 보상만으로 채굴자들의 비용을 충당할 수 있는 수준에 도달하면, 비트코인이 최대 공급량에 이르러 더 이상 블록 보상이 없더라도 네트워크 참여 유인이 분명히 존재하므로 네트워크는 지속될 것이다. 즉, 한정된 최대 공급량을 가진 비트코인의 블록 보상은 결국 0으로 수렴하게 되며, 채굴자들은 사용자 수수료만으로도 네트워크를 유지할 수 있는 수준에 도달해야 한다.

반면 이더리움은 비트코인과 달리 최대 공급량이 정해져 있지 않다. 이더리움의 블록 보상은 블록이 생성되는 한 계속해서 분배된다.[11] 이는 보상으로 지급되는 암호화폐의 수량 측면에서는 문제가 없으나, 가격 측면에서는 문제가 될 수 있다. 화폐에 대한 수요가 증가하지 않는 상황에서 지속적인 공급은 화폐 가치의 하락을 초래할 수 있기 때문이다.

이더리움은 이러한 문제를 해결하기 위해 블록 보상을 회수할 수 있는 메커니즘을 도입했다. 이더리움 네트워크도 비트코인과 마찬가지로 네트워크 사용을 위한 수수료 체계를 가지고 있다. 특히 이더리움은 스마트 컨트랙트 기능을 제공하며, 네트워크 보호를 위

11 2024년 거버넌스 기준

해 '가스'라는 수수료 시스템을 적용했다.

초기 이더리움의 가스 수수료는 순수 경매 방식으로 운영되었다. 사용자들은 거래의 우선 처리를 위해 다른 사용자보다 높은 수수료를 제시해야 했다. 이로 인해 네트워크가 혼잡할 때는 수수료 경쟁이 발생했고, 사용자들은 예측하기 어려운 과도한 수수료를 지불해야 하는 상황이 자주 발생했다.

이러한 구조적 문제를 해결하기 위해 EIP-1559가 제안되었다. 이는 수수료를 '기본 수수료base fee'와 '팁 priority fee'으로 구분하는 방식이다. 기본 수수료는 네트워크 거래 수요를 반영해 변동하되, 그 폭을 제한함으로써 예측 가능성을 높였다. 팁은 기존의 경매 방식과 같이 우선적 거래 처리를 위해 채굴자에게 지급하는 수수료다.

EIP-1559의 또 다른 중요한 특징은 기본 수수료의 소각 정책이다. 기존의 완전 경매 방식에서는 사용자가 지불한 수수료가 전액 채굴자의 보상이 되었으나, 새로운 방식에서는 팁만 채굴자에게 지급되고 기본 수수료는 전액 소각된다. 이는 단기적으로 채굴자의 수익 감소로 이어질 수 있으나, 장기적으로는 이더리움의 발행률을 낮추고 개별 이더리움의 가치를 상승시키는 효과가 있다. 또한 네트워크 이용이 증가하면 수수료 수준 자체가 높아져 채굴자의 보상도 함께 증가하는 선순환 구조를 만들 수 있다.

EIP-1559는 도입 전후로 여러 문제점에 대한 논의가 있었으나, 가스 수수료의 예측 가능성과 이더리움 가치 제고 등의 이점이 더 크다고 판단되어 성공적으로 도입되었다. 이와 함께 이더리움 네트워크는 블록 보상 구조에서도 중요한 변화를 겪었다. 기존에는 비트코인과 유사한 작업증명Proof of Work 방식으로 네트워크 보안을 유지했으나, 과도한 전력 소모와 마이닝 풀Mining pool의 중앙화 문제를 해결하기 위해 2020년부터 지분증명Proof of Stake 방식으로의 전환을 준비했다.

이더리움의 지분증명 전환은 2022년에 완료되었으며, 이로 인해 블록 보상 구조도 크게 변화했다. 작업증명 시기에는 실행 레이어와 합의 레이어 모두에 대한 블록 보상이 있었으나, 지분증명 전환 후에는 합의 레이어의 블록 보상만 유지되었다. 작업증명 하에서 이더리움의 연간 신규 발행률은 약 4.61%였으며, 이 중 88.7%인 4.09%가 실행 레이어의 블록 보상이었다. 지분증명 전환 후에는 실행 레이어 보상이 중단되어 합의 레이어 보상만 연간 약 0.52%의 발행률로 분배되고 있다. 결과적으로 지분증명 전환과 EIP-1559 모델을 통해 이더리움의 연간 발행률은 약 3.7%에서 약 0.31%로 하락했다.

이더리움은 이러한 가치 제고 방식을 통해 네트워크의 유지와 관리에 핵심적인 합의 레이어 참여를 지속적으로 장려하면서, 동시에 네트워크 참여자의 보유 지분 및 보상 가치의 희석을 최소화하는 구조를 확립했다.[12]

앞서 설명했듯이, 암호화폐의 가치는 네트워크의 경제적 보안뿐만 아니라 다양한 시장 요인의 영향을 받는다. 이러한 가치는 여러 요소가 복합적으로 작용하는 수요와 공급의 역학 관계에 따라 결정되며, 시장 심리, 기술 발전, 규제 환경, 거시 경제 동향 등에 의해 지속적으로 영향을 받는다.

블록체인의 채택률과 활용도가 높아져 암호화폐에 대한 수요

---

12 JP모건을 비롯한 몇몇 연구 보고서에서는 PoS 전환을 비롯한 최근의 업그레이드가 이더리움의 중앙화 리스크를 발생 시킨다는 의견도 존재한다.

가 증가하는 한편, 공급이 적절히 통제되고 예측 가능해진다면 암호화폐의 가치는 장기적으로 유지되거나 상승할 수 있다. 또한 네트워크가 잠재적 공격과 취약점에 대한 강력한 방어 체계를 꾸준히 유지한다면, 이는 사용자, 투자자, 이해관계자들의 신뢰를 높여 지속적인 수요 창출로 이어질 수 있다.

교육과 인식 제고 활동 역시 중요한 역할을 한다. 블록체인과 암호화폐에 대한 이해도가 높은 사용자층은 그 가치와 효용을 더 잘 인식할 수 있으며, 이들을 통해 생태계에 적극적으로 참여하는 건전한 커뮤니티를 육성할 수 있다.

이처럼 암호화폐의 가치 보존은 기술 발전, 사용자 참여, 시장 상황, 네트워크 보안, 인식 구축 등 다방면의 요소들이 조화롭게 작용해야 하는 복합적인 과제다. 이러한 장기적 노력의 궁극적 목표는 블록체인 네트워크와 암호화폐의 실용성, 보안성, 수요가 서로를 강화하는 선순환 구조를 확립하여, 암호화폐를 기반으로 하는 블록체인 네트워크의 견고한 경제적 토대를 구축하는 것이다.

코인과 토큰의 경계, 그리고 경제적 인센티브

블록체인 네트워크에서 블록 생성자와 검증자가 보안의 기반을 관리한다면, 일반 사용자는 주로 사용자 인터페이스와 특정 프로그램으로 구성된 애플리케이션을 통해 블록체인과 상호작용한다. 네트워크의 경제적 보안을 담당하는 코인이 있다면, 애플리케이션 차원에서는 그 운영을 원활하게 하는 토큰이 존재한다. 그렇다면 토큰은 어떻게 애플리케이션에 기여하며, 코인과는 어떤 차이가 있을까?

코인은 블록체인과 직접 상호작용할 수 있도록 설계되며, 블록체인의 최초 개발 단계부터 네트워크와 함께 구축된다. 반면 토큰은 블록체인 네트워크에서 생성되는 데이터의 일종으로, 이더리움과 같은 비허가형(개방형) 블록체인에서는 스마트 컨트랙트를 통해 누구나 자유롭게 생성할 수 있다. 블록체인 애플리케이션은 디파이, NFT, 지갑, 게임, 스포츠, 소셜 네트워크 서비스, 예측 시장, 브릿지, 오라클 등 매우 다양하며, 각각의 애플리케이션은 자체 토큰을 발행하여 서비스를 운영한다.

스마트 컨트랙트는 블록체인에서 실행되는 프로그램이자 블록체인 애플리케이션의 가장 기본적인 구성 요소다. '똑똑한 계약'이라는 의미의 스마트 컨트랙트는 말 그대로 계약이라는 개념에 중점을 둔다. 계약은 오랫동안 사회적·법적 상호작용의 토대가 되어 왔다. 현대인은 혼인 관계, 근로 계약, 보험 계약, 대출 계약, 동산 및 부동산 매매 계약 등 다양한 형태의 계약을 맺으며 살아간다.

그러나 현대의 계약은 내용이 복잡하여 해석의 오류가 발생하거나 계약이 불이행되는 등의 문제가 있다. 계약 해석의 차이는 오해와 분쟁, 악용으로 이어질 수 있으며, 계약 당사자가 의무를 이행하지 않는 경우도 있다. 소송을 통해 계약상의 권리를 보장받을 수 있지만, 이는 상당한 시간과 비용이 소요된다.

반면 스마트 컨트랙트는 계약 이행의 효율성, 속도, 투명성 측면에서 뚜렷한 장점을 제공한다. 스마트 컨트랙트는 기존 계약을 블록체인 기술로 구현한 것으로, "만약 A가 사실이라면, B를 진행한다"와 같은 논리를 코드로 구현한다. 이를 통해 계약 위반 시 자동으로 제재를 가하거나, 계약 이행이 불가능한 상황에서는 계약 체결 자체를 방지함으로써 계약 위반의 가능성을 원천적으로 차단한다.

2017년 악사^Axa는 이더리움의 스마트 컨트랙트를 활용한 탈중앙화 비행 연착 보험 서비스 '피지^Fizzy'를 출시했다. 이 서비스는 계약자의 항공 정보를 자동으로 추적하여 비행 지연 등 보상 조건이 충족되면 즉시 보험금을 지급하는 시스템이었다(현재는 서비스가 중단된 상태이다).

모든 스마트 컨트랙트는 블록체인에 기록되므로 계약 내용의 위변조가 사실상 불가능하다. 스마트 컨트랙트의 작동 원리는 흔히 자판기에 비유되는데, 자판기의 기본 로직은 다음과 같다 :

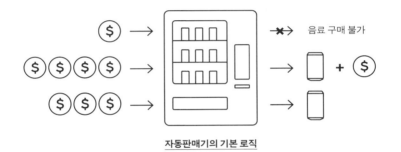

자동판매기의 기본 로직

1. 계약 내용

    a. 자판기의 상품과 소비자의 현금을 교환

2. 선행 요건

    a. 자판기 : 소비자가 원하는 상품의 재고 보유

    b. 소비자 : 상품 가격 이상의 현금 지불

3. 계약 결과

    a. 선행 요건 충족 시

        i. 상품과 현금의 교환 실행

  ii. 초과 지불된 금액 자동 반환

 b. 선행 요건 미충족 시

  i. 교환 거래 미실행

  ii. 일정 시간 경과 후 지불 금액 전액 반환

자판기와 마찬가지로 스마트 컨트랙트도 모든 선행 요건이 충족된 경우에만 작동하며, 이는 더 복잡한 기능에도 적용되어 안전한 실행 환경을 제공한다. 스마트 컨트랙트의 주요 목적은 계약의 위변조로 인한 피해를 방지하고 계약의 중개 및 집행 비용을 절감하는 것이다. 사전 정의된 코드에 따라 자동으로 실행되는 스마트 컨트랙트는 계약 당사자의 조건 이행을 보장하고, 계약 불이행의 위험을 최소화하며, 중개자의 필요성을 줄인다.

 블록체인 애플리케이션에서 사용되는 토큰도 이러한 스마트 컨트랙트를 통해 생성된다. 토큰의 생성은 일종의 계약으로, 스마트 컨트랙트에 내장된 조건과 규칙에 따라 특정 기능들이 실행된다.

 이더리움 네트워크가 스마트 컨트랙트 개념을 도입한 초기에는 많은 토큰이 생성되었으나, 심각한 문제점이 있었다. 동일한 목적의 스마트 컨트랙트라도 구현된 계약마다 단위, 속성, 규격이 달랐기 때문이다. 예를 들어, 각 토큰마다 소수점 단위가 달라 제3자(예: 암호화폐 거래소)가 토큰을 활용하기 어려웠다.

 구체적인 예시로, \$100짜리 A토큰과 \$5짜리 B토큰의 교환을 살펴보자. 처음에는 1개의 A토큰과 20개의 B토큰의 교환이 가능하다. 하지만 B토큰의 가격이 \$3로 하락하면, A토큰 1개당 B토큰 33.333333개를 교환해야 하는데, 두 토큰이 소수점을 지원하지 않으면 교환이 불가능해진다. 거래소는 각 토큰의 소수점 지원 범위와 교환 가능 여부를 지속적으로 확인해야 하는 부담을 안게 된다.

이러한 문제를 해결하기 위해 이더리움을 비롯한 블록체인 네트워크는 스마트 컨트랙트의 표준화 규약을 도입했다. 이더리움의 경우 EIP^{Ethereum Improvement Proposal}를 통해 제안된 내용이 ERC^{Ethereum Request for Comment} 표준으로 채택된다. 2015년 11월, 비탈릭 부테린과 파비안 보글스텔러는 토큰의 호환성을 위한 공통 기능, 규격, 속성을 제안했다. 이 표준안은 다음과 같은 기능을 포함한다:

1. 토큰의 계정 간 전송 기능
2. 특정 계정의 토큰 잔액 조회 기능
3. 토큰의 최대 공급량 조회 기능
4. 제3자 계정에 대한 토큰 출금 권한 부여 기능

이 제안은 20번째 이더리움 개선 제안^{EIP}이자 표준화 항목^{ERC}으로 분류되어 ERC-20이라 명명되었으며, 이더리움 네트워크 참여자들의 승인을 거쳐 이더리움의 토큰 표준이 되었다. ERC-20을 통해 토큰 스마트 컨트랙트의 표준이 확립되면서, 다양한 애플리케이션에서 토큰을 공통적으로 활용할 수 있는 호환성이 확보되었다. 이를 기반으로 토큰을 활용한 거래, 예금, 대출, 자산 운용 등 다양한 금융 서비스 구현의 토대가 마련되었다.

ERC-20의 등장으로 토큰 생태계가 활성화되면서 ICO^{Initial Coin Offering, 초기 코인 공개} 서비스가 출현하게 되었다. ICO는 기업 공개^{IPO}와 크라우드 펀딩을 결합한 형태로, 블록체인 프로젝트가 새로운 코인이나 토큰을 발행하기 전에 투자자로부터 자금을 조달하고, 그 대가로 코인이나 토큰을 제공하는 방식이다. 대부분의 ICO는 스마트 컨트랙트를 통해 자금 조달 과정을 자동화했는데, 예를 들어 A 토큰의 ICO 조건은 다음과 같다.

1. 투자자가 이더리움을 전송하면 A 토큰을 지급한다.
2. 0.001 ETH당 A 토큰 1개를 지급한다.
3. 계정당 최대 투자 한도는 1 ETH이다.
4. 전체 모집 한도는 1,000 ETH이다.
5. 모집 기간은 72시간이며, 기간 종료 후 ICO가 마감된다.

이러한 내용을 스마트 컨트랙트로 구현하면, A 토큰을 개당 0.001 ETH의 고정 가격으로 3일간 최대 1,000 ETH까지 모집하는 ICO가 실행된다. ERC-20이라는 표준 컨트랙트를 활용해 누구나 호환 가능한 토큰을 만들 수 있듯이, ICO 역시 널리 공유된 컨트랙트 코드를 통해 손쉽게 진행할 수 있었다.

주식시장의 기업 공개는 IPO 주관사 선정, 기업 실사, 상장 예비 심사, 증권신고서 제출, 공모 수요 예측 등 복잡하고 엄격한 절차를 거쳐야 한다. 반면 ICO는 주관사나 심사 절차 없이 프로젝트 단독으로 투자자를 모집하고 자금을 조달할 수 있어, 진입 장벽이 낮고 중개 수수료가 없으며 네트워크 계정만 있으면 참여할 수 있어 더 많은 투자자 확보가 가능했다.

그러나 이러한 장점의 이면에는 분명한 한계가 존재했다. 투자자들이 참고할 수 있는 것은 프로젝트의 백서뿐이었는데, 대부분의 백서는 구체적인 사업 성과나 실적 없이 블록체인 기술과 암호화폐를 활용한 사업 구상과 수익 활용 방안만을 추상적으로 제시했다. ICO가 높은 수익을 창출한 사례가 늘어나면서 투자자들은 백서도 제대로 검토하지 않고 참여하게 되었다. 더욱이 스마트 컨트랙트 지식만 있으면 누구나 ICO를 시행할 수 있고 자금 운용에 대한 규제도 없어, 자금 조달 후 사업을 제대로 운영하지 않거나 잠적하는 사기 사례도 빈번했다.

이러한 문제점으로 인해 2017년에는 무분별한 투자가 과열되고 ICO 사기 피해가 급증했다. 시장 과열과 소비자 피해 확산을 우려한 정부는 2017년 9월 '가상통화 관계기관 합동 TF'를 통해 ICO를 유사수신 행위로 규정하고, 증권 발행 형식의 가상통화 자금 조달을 자본시장법 위반으로 처벌하는 등 모든 형태의 ICO를 전면 금지했다. 이로 인해 국내 투자자들은 ICO의 위험성을 인식하게 되었고 동시에 암호화폐와 블록체인 기술에 대해 부정적 시각을 갖게 되었다. 무분별한 ICO로 인한 사기와 피해는 크게 줄었으나, 국내 블록체인 산업의 성장도 함께 위축되는 결과를 낳았다.

토큰과 ICO의 낮은 진입 장벽이 가져온 자금 조달의 용이성은 양면성을 지니고 있었다. 블록체인 산업을 이끄는 혁신적인 프로젝트들이 다수 등장했으며, 특히 대한민국이 ICO 금지 정책을 발표한 2017년 이후 이러한 성장이 더욱 두드러졌다. 그 대표적인 사례가 현재 탈중앙화 거래소DEX 중 최대 규모를 자랑하는 유니스왑Uniswap이다.

유니스왑은 자동화된 시장 조성자AMM 시스템을 기반으로, 이더리움을 비롯한 다양한 블록체인 네트워크에서 스마트 컨트랙트를 통해 자율적인 암호화폐 거래를 제공하는 플랫폼이다. 유니스왑의 토큰 UNI는 2021년 초 시가총액 10억 달러를 돌파했으며, 2024년 현재 44억 달러 규모로 성장했다(예치 자산 총액 54억 1,800만 달러). 이러한 급속한 성장의 핵심 동력은 블록체인 기술과 암호화폐였다.

2016년에는 이더델타Etherdelta 등의 탈중앙화 거래소가 있었으나, 이들은 모두 증권시장과 같은 호가주문 방식으로 운영되었다. 당시 블록체인 기반 거래소 프로젝트들은 증권시장에서 오랫동안 검증된 호가주문 방식을 그대로 도입했으나, 이를 블록체인 네트워크에 구현하면서 심각한 문제가 드러났다.

증권시장의 지정가 호가주문에서는 매수자가 원하는 주식 수량과 가격을, 매도자가 매도하고자 하는 수량과 가격을 제시하며, 양측의 조건이 일치할 때 거래가 성사된다. 주문은 체결 전까지 자유롭게 취소할 수 있으며, 거래 체결 시에만 수수료와 증권거래세가 부과된다. 주문 제출이나 취소에는 별도의 비용이 발생하지 않는다.

그러나 이러한 호가주문 방식을 블록체인 네트워크의 스마트 컨트랙트로 구현하면 상황이 달라진다. 블록체인의 상태를 변경하려면 반드시 수수료를 지불해야 하는데, 이는 주문 제출과 취소에도 적용된다. 따라서 호가주문 방식의 탈중앙화 거래소에서는 모든 주문의 제출과 취소마다 트랜잭션 서명과 가스 수수료 지불이 필요하다. 이는 일반 사용자에게도 부담이 되지만, 특히 시장조성자와 유동성공급자에게 가장 큰 제약이 된다.

시장조성자 제도는 국내 유가증권시장과 파생상품 거래에서 활용되는 제도로, 호가주문 방식에서 매수·매도 호가가 일치해야만 거래가 성사되는 특성을 보완하기 위해 도입되었다. 시장조성자와 유동성공급자는 운영 방식과 의무사항에 차이는 있으나, 양방향 호가 제출을 통해 거래가 부진한 종목에 유동성을 공급하여 공정한 가격 형성과 거래 활성화를 돕는 등 전반적인 시장 효율성을 높이는 역할을 한다.

　호가주문 방식의 탈중앙화 거래소 역시 공정한 가격 형성과 거래 활성화를 위해 시장조성자와 유동성공급자가 필요했다. 그러나 블록체인 네트워크에서는 거래 체결 여부와 관계없이 모든 주문 제출과 취소마다 수수료가 발생한다. 이로 인해 잦은 호가 제시가 필요한 시장조성자와 유동성공급자의 비용 부담이 가중되어 정상적인 시장 조성 활동이 어려워졌다.

　시장조성자와 유동성공급자의 활동이 위축되면서 가격이 왜곡되고 매수·매도 호가 간 스프레드가 확대되었다. 이는 일반 투자자들의 원활한 거래를 저해하여 전반적인 거래 위축으로 이어졌다. 이러한 구조적 한계로 인해 호가주문 방식의 탈중앙화 거래소는 활성화되지 못했으며, 중앙화 거래소가 거래의 대부분을 차지하게 되었다.

　중앙화 거래소가 더 많은 거래량을 보인 것은 자연스러운 현상이었다. 중앙화 거래소는 블록체인과 스마트 컨트랙트를 사용하지 않아 호가 제시에 트랜잭션 서명이나 수수료가 필요 없었고, 이는 시장조성자와 유동성공급자가 비용 제약 없이 활동할 수 있음을 의미했다.

　이러한 환경에서 중앙화 거래소는 탈중앙화 거래소보다 풍부한 유동성을 확보할 수 있었고, 이는 일반 투자자에게 더 나은 거래 조건을 제공했다. 또한 탈중앙화 거래소 이용을 위해서는 해당 네트워크의 코인(비트코인, 이더리움 등)을 보유해 가스비를 지불해야 했다. 네트워크 검증 참여자가 아닌 일반 투자자는 이러한 코인을 별도로 구매해야 했고, 결과적으로 법정화폐로 직접 거래가 가능한 중앙화 거래소를 선호하게 되었다.

I. 블록체인 기초 다지기

따라서 중앙화 거래소는 법정화폐 사용이 가능하고 호가 제시에 추가 비용이 들지 않아 풍부한 유동성을 바탕으로 원활한 거래 환경을 제공할 수 있었다.

중앙화 거래소는 단일 운영 주체가 전적으로 통제하는 구조이기 때문에 해킹 위험을 분산하기 어렵고, 거래소가 악의적으로 이용자의 자금을 유용하거나 동결할 수 있다는 취약점이 있다. 2014년 마운트곡스 거래소에서 85만 BTC가 탈취된 사건, 2019년 국내 거래소 업비트의 34만 2,000 ETH 탈취 사고, 세계 주요 거래소였던 FTX의 부실 경영과 고객 자산 불법 유용으로 인한 파산 등 수많은 사례가 이를 입증한다.

이러한 사건들을 겪으며 투자자와 기관들은 오직 자산 소유자만이 통제권을 가지고 외부 위협으로부터 안전한 '비수탁 지갑'의 중요성을 인식하게 되었다. 비수탁 지갑을 통한 암호화폐 거래는 탈중앙화 거래소DEX에서 가능하기에, 탈중앙화 거래소의 필요성도 함께 부각되었다.

호가주문 방식의 탈중앙화 거래소가 거래 비용과 유동성 측면에서 뚜렷한 한계를 보이면서, 새로운 거래 방식의 필요성이 대두되었다. 2016년, 이더리움의 창시자 비탈릭 부테린이 레딧을 통해 혁신적인 거래 방식을 제안했다. ENS 창립자 닉 존슨의 제안에서 착안한 이 아이디어는 온체인 호가주문 방식의 높은 시장조성 비용 문제를 해결하기 위해, 예측 시장에서 활용되던 자동화된 시장조성자AMM 방식을 탈중앙화 거래소에 도입하자는 것이었다.

예측시장은 미래 사건의 결과를 예측하여 거래하는 시장이다. 이는 선물시장과 유사한데, 선물시장에서는 다수의 전문가가 금융상품이나 원자재의 미래 가격을 예측하여 선물 계약 가격에 반영한다.

　일반인에게 더 친숙한 예측시장의 사례로 스포츠 경기 베팅을 들 수 있다. 두 팀의 승부를 예측하고 베팅하면 베팅 참여 현황에 따라 배당률이 결정된다. 다수가 승리를 예측한 우세 팀이 이기면 낮은 배당률에 따른 배당금을 여러 참여자가 나누어 받는다. 반면 소수만이 승리를 예측한 열세 팀이 이기면, 그 소수의 참여자가 높은 배당금을 받아 다수의 예상을 벗어난 선택에 대한 보상을 얻게 된다. 이처럼 예측시장은 미래 사건의 결과를 예측하고 그에 따른 손익이 결정되는 시장이다.

　예측시장의 구조는 미래 상황에 대한 금전적 내기와 유사하며, 이때 자동화된 시장조성자가 핵심적인 역할을 한다. 내기를 하려고 해도 상대방이 없다면 성사될 수 없고, 익명의 온라인 상대방과의 내기는 결과 이행에 대한 신뢰성 문제가 발생하기 때문이다.

　AMM은 이러한 문제를 해결하는데, 수학적 알고리즘과 제3자의 유동성 공급을 기반으로 작동한다. 주식시장의 시장조성자처럼 예측에 대한 호가를 생성하고 거래 상대방 역할을 수행하면서, 동시에 예측 결과에 대한 가격을 제시하고 확률을 추정하는 기능을 담당한다.

　비탈릭 부테린이 이더리움 커뮤니티에 AMM의 탈중앙화 거래소 적용을 제안한 후, 이더리움 예측시장 서비스 노시스Gnosis의 공동창업자 마틴 쾨펠만이 이를 암호화폐 거래에 적합하도록 발전시킨 CFMM상수함수 시장조성자 개념을 제시했다. 상수함수는 입력값과 관계없이 항상 같은 결괏값이 도출되는 함수로, 이를 통해 A 토큰과 B 토큰 간의 교환 비율을 즉각적으로 계산하고 거래를 체결할 수 있게 되었다.

CFMM은 호가주문 방식의 한계도 해결했다. 기존에는 시장 조성자가 잦은 호가 제출로 인해 막대한 비용을 부담해야 했지만, CFMM에서는 토큰을 예치해두고 거래가 발생할 때마다 자동으로 수수료를 받는 구조가 가능해졌다.[13]

헤이든 아담스는 CFMM을 활용하여 현재 최대 규모의 탈중앙화 거래소인 유니스왑을 홀로 개발했다. 당시 에어스왑, 제로엑스, 이더델타 등의 탈중앙화 거래소들이 있었지만, 이들은 호가주문 방식의 한계를 극복하기 위해 블록체인 외부에서 일부 거래 단계를 처리했다. 예를 들어, 많은 비용이 발생하고 사용자 경험을 저해하는 호가 제출은 거래소의 외부 서버(오프체인)에서 처리하고, 거래 체결만 블록체인의 스마트 컨트랙트로 수행했다.

그러나 이러한 방식은 다수의 합의와 검증이 이루어지는 블록체인이 아닌, 단일 주체가 관리하는 외부 시스템을 거치기 때문에 중앙화 거래소의 문제점인 사기, 보안 사고, 검열 위험을 완전히 해결하지 못했다. 반면 유니스왑은 CFMM을 도입함으로써 호가주문 방식의 한계를 근본적으로 해결하고, 거래 체결, 유동성 공급, 새로운 거래 쌍 생성 등 모든 과정을 블록체인상의 스마트 컨트랙트로만 처리할 수 있게 했다.

이처럼 완전한 탈중앙화를 통해 확보한 개방성과 무신뢰성이 유니스왑만의 차별점이 되었고, 이를 바탕으로 2019년 2월 출시 3개월 만에 기존 탈중앙화 거래소들의 시장 점유율을 급속히 흡수했다.

유니스왑의 혁신적인 특징은 탈중앙화 거래소[DEX]와 더 나아가

---

13 더 자세한 내용은 '디사이퍼 유니스왑 시리즈'를 검색하면 볼 수 있습니다.

탈중앙화 금융^{DeFi} 시장 전체에 큰 성장 기회를 제공했다. 이는 현재 2,470조 원(1.9조 달러 이상)의 거래량을 기록하는 탈중앙화 금융 산업 성장의 시발점이 되었다.

유니스왑 출시 이후, 블록체인과 암호화폐, 스마트 컨트랙트라는 기술을 활용하여 기존의 금융 시스템을 블록체인 네트워크 상에서 탈중앙화된 형태로 구현하려는 다양한 시도가 이어졌다.

스마트 컨트랙트는 규칙을 코드로 정의하여 계약의 속도, 효율성, 투명성을 높이고 이행을 보장하며 위반과 위조 가능성을 감소시킨다. "A가 사실이면 B를 수행한다"는 자판기와 같은 원리로 작동하여 계약 관계에서 신뢰의 필요성을 제거한다.

탈중앙화 금융에서 스마트 컨트랙트는 디지털 환경의 계약을 자동화하고 불이행, 사기, 위조 위험을 최소화하여 신뢰 없는 금융을 구현하는 핵심 역할을 수행한다. 토큰은 스마트 컨트랙트를 통해 생성되며, ICO나 탈중앙화 거래소에서처럼 암호화폐는 스마트 컨트랙트 기반 계약의 매개체로 활용된다.

자유로운 진입과 탈퇴가 가능하고 암호화폐를 통한 보상과 처벌 체계가 구축된 개방형 블록체인은 누구나 네트워크의 검증과 합의 과정에 참여할 수 있게 함으로써 스마트 컨트랙트의 무신뢰성을 완성한다. 블록체인, 암호화폐, 스마트 컨트랙트를 통한 계약의 무신뢰성은 우리가 현실에서 암묵적으로 지불하던 신뢰 비용을 획기적으로 절감할 수 있는 기회를 제공한다. 현재도 무신뢰성과 사용자 효용을 동시에 제공할 수 있는 인프라와 서비스 개발을 위한 연구가 활발히 진행되고 있다.

2019년 유니스왑을 시작으로 성장한 탈중앙화 금융 산업은 비트코인이 최고가를 기록한 2021년까지 약 500배 이상의 성장을 달성했다. 이 과정에서 블록체인 인프라, NFT대체 불가능 토큰, 블록체인 게임 등 다양한 분야도 함께 발전했다.

그러나 양적 완화와 전 세계적 저금리로 인한 과잉 유동성을 바탕으로 급성장한 블록체인 시장은 기술 발전과 동떨어진 비현실적 기대와 금전적 욕망으로 투기장으로 변질되었다. 2022년부터 시작된 각국의 물가 안정을 위한 재정·통화정책과 함께 시장 참여자들이 꿈꾸던 거대한 꿈은 결국 붕괴되었다. 신적 존재로 추앙받던 일부 암호화폐와, 깊은 고민 없이 단순 복제로 출시되어 가치 상승만을 노린 수많은 블록체인 서비스들은 결국 무신뢰를 가장한 허상의 실체를 드러내고 말았다.

2023년 암호화폐 시장의 겨울크립토 윈터을 거치며 블록체인에 대한 진지한 사업적 접근이 늘어났다. 4억 명 이상의 사용자를 보유한 글로벌 모바일 결제·송금 서비스 기업 페이팔은 2023년 8월 미 달러 기반 스테이블코인 페이팔USD[PYUSD]를 출시하여 사업 확장과 수익성 강화를 추진하고 있다.

한국은행을 포함한 전 세계 중앙은행들은 다양화되는 지급결제 수단에 대한 유연성과 효율성을 확보하고, 블록체인 기술을 활용한 프로그래밍 가능한 토큰 형태의 자국 통화 발행이 가져올 이점을 검증하기 위해 CBDC중앙은행 디지털 화폐 실험을 계속하고 있다.

국제결제은행BIS은 금융기관의 재무건전성 지표인 BIS자기자본비율을 관리하는 기구로, 현재 마리아나 프로젝트를 통해 AMM 스마트 컨트랙트 기반의 국가 간 CBDC 거래로 기존 외환시장을 대체할 수 있는지 연구하고 있다.

그러나 중앙은행과 국제결제은행은 블록체인과 스마트 컨트랙트 기술 자체는 긍정적으로 평가하면서도, 현재 형태의 암호화폐에는 부정적 입장을 보인다. 페이팔이 일반적인 토큰이 아닌 미 연방준비제도가 보증하는 미달러 연동 스테이블코인을 선택한 것도 변동성이 큰 일반 유틸리티 토큰[14]에 대한 불확실성 때문으로 보인다.

토큰 발행의 가장 큰 장점은 ICO와 같은 수단으로 투자 장벽을 낮춰, 자금이 부족한 개인이나 소규모 조직도 혁신적인 사업 계획만 있다면 쉽게 자본을 조달할 수 있다는 점이다. 하지만 페이팔 같은 대기업은 위험성 있는 토큰 발행 없이도 신사업 자금 조달이 가능하다. 또한 개인이나 소규모 조직의 토큰에 투자하는 투자자들도 자선이 아닌 이익을 목적으로 하기에, 결국 누군가는 높은 가격에 토큰을 매수해야 이익 실현이 가능한 구조적 한계가 존재한다.

블록체인 네트워크는 코인을 경제적 보상과 처벌의 수단으로 활용한다. 이러한 인센티브 구조와 코인의 효용은 네트워크 참여자들의 악의적 행위를 억제하여 네트워크의 안정적 운영을 보장하는 경제적 보안성을 제공한다. 또한 비트코인의 반감기나 이더리움의 수수료 소각과 같은 공급 제한 정책으로 코인의 가치를 유지한다.

대부분의 블록체인 네트워크는 이러한 구조를 통해 장기적인 안정성을 확보하고, 참여자와 이용자를 확대하여 코인의 수요를 늘리며 네트워크 효과를 창출한다. 궁극적으로는 자신들의 코인이 블록체인 산업의 기축 통화로 자리 잡는 것을 목표로 한다.

애플리케이션과 토큰은 분야별로 구체적인 목적은 다르지만, 공통적으로 애플리케이션 발전에 기여하는 주체에게 금전적 보상을 제공하여 서비스 품질을 향상시키고 수요를 확대하는 구조를 가

14 MiCA

진다. 여기에 베스팅, 락업, 에어드랍 등 다양한 정책을 통해 토큰의 가치를 제고하는 과정을 반복한다. 다음 파트에서는 초기 자본 조달 이후 애플리케이션에서의 토큰 활용 방식과 필요성을 살펴볼 예정이다.

암호화폐는 과연 꼭 필요한가?

암호화폐와 관련하여 자주 등장하는 '토큰 경제(또는 토크노믹스)'는 콜린스 사전에 따르면 특정 기관의 재소자나 환자들이 바람직한 행동에 대한 보상으로 받은 토큰을 특권과 교환할 수 있게 하는 심리 치료법을 의미한다. 여기서 토큰은 특정 권리에 대한 교환 수단이나 징표를 뜻한다.

　이러한 토큰 경제를 통한 행동 유도는 일상에서 흔히 볼 수 있는데, 대표적인 예시가 달란트 제도이다. 달란트는 교회나 학원에서 아동들의 바람직한 행동을 장려하기 위해 지급하는 모형 지폐로, 교사의 지시를 잘 따르거나 수업에 적극적으로 참여하면 지급되고 바람직하지 않은 행동을 하면 반환해야 할 수 있다. 축적된 달란트는 연례 축제의 달란트 시장에서 간식, 문구, 완구 등을 구매하는 데 사용할 수 있다. 이를 통해 아이들은 자연스럽게 교사가 의도하는 방향의 행동을 하게 된다.

　달란트와 같은 행동 유도 방식은 파블로프와 더불어 현대 행동주의 심리학의 대가로 꼽히는 버러스 프레더릭 스키너 Burrhus Frederic Skinner의 '조작적 조건화 Operant conditioning' 이론에서 그 근거를 찾을 수 있다. 조작적 조건화 이론의 핵심 실험 도구인 스키너 상자 Operant conditioning chamber는 동물 행동 연구를 위한 획기적인 장치였다. 실험동물이 상자 내부의 특정 스위치나 레버를 조작하면 시청각적 자극이나 먹이가 주어지는데, 특히 정답에 해당하는 스위치를 누를 경우에만 먹이나 물과 같은 실질적인 보상이 지급된다. 실험동물은 처음에는 무작위로 스위치를 누르며 자극과 보상을 경험하지만, 시간이 지날수록 보상을 얻을 수 있는 행동의 빈도가 크게 증가한다. 결과적으로 동물은 별도의 자극 없이도 보상 획득 행동을 지속하게 되는데, 이처럼 행동의 결과(보상)를 통해 특정 행동의 빈도를 의도적으로 증가시키는 것이 가능해진다. 스키너는 이러한 학습 과정을 '조작적 조건화' 또는 '조작적 조건 형성'이라 명명했다. 이때 행동에 대한 보상을 통해 해당 행동의 빈도를 높이는 것을 강화reinforcement라 하고, 반대로 강화물reinforcer을 제거하거나 부정적 자극을 주어 행동 빈도를 감소시키는 것을 소거 또는 처벌이라 한다. 스키너 상자 실험의 동물처럼 인간 역시 보상이 주어지는 행동은 반복하려 하고, 처벌이 수반되는 행동은 회피하려 한다. 이러한 원리에 기반하여 암호화폐는 조작적 조건화 이론과 유사한 방식으로 사용자의 특정 행동을 유도하거나 억제하는 수단으로 활용된다.

　　암호화폐를 통한 행동 유도 방식은 비허가형 블록체인 네트워크의 경제적 보안 구조에서도 동일하게 나타난다. 네트워크는 트랜잭션과 블록 검증 행위를 유도하기 위해 검증자에게 암호화폐라는 보상을 지급하도록 프로그래밍되어 있다. 특히 지분증명 합의 메커니즘에서는 '슬래싱Slashing'이라는 처벌 제도를 도입하고 있다. 슬래싱은 검증자가 부정직한 블록을 제안하거나 검증하는 등 네트워크를 저해하는 행위를 할 경우, 해당 검증자가 스테이킹한 암호화폐의 일부를 삭감하고 검증자 자격을 박탈하는 제도이다. 이처럼 비허가형 블록체인 네트워크는 검증 보상이라는 강화와 슬래싱이라는 처벌을 통해, 강제하기 어려운 올바른 행동은 장려하고 그릇된 행동은 억제하는 경제적 토큰 모델을 구현하고 있다.

애플리케이션 수준의 토큰 경제 모델은 유니스왑 사례를 통해 구체적으로 이해할 수 있다. CFMM(AMM) 기반 탈중앙 거래소인 유니스왑의 핵심 경쟁력은 유동성에 있다. 유동성은 최소한의 손실로 자산을 전환할 수 있는 시장의 수용력을 의미한다. 예를 들어, 유동성이 풍부한 거래소에서는 10,000원 상당의 자산을 거래할 때 9,990원 상당의 다른 자산으로 전환할 수 있지만, 유동성이 부족한 거래소에서는 동일한 거래가 9,000원 상당의 자산으로만 전환될 수 있다. 이러한 현상은 프라이스 임팩트Price Impact와 슬리피지로 구분된다. 프라이스 임팩트는 유동성 풀의 규모에 비해 과도한 스왑이 발생할 때 초기 교환비가 변동하여 손실이 발생하는 현상을, 슬리피지는 스왑 요청 시점의 예상 체결 수량과 실제 체결 수량 간의 차이가 발생하는 현상을 가리킨다. 결과적으로 유동성이 풍부한 거래소일수록 자산 전환 시 손실이 최소화되므로, 거래자들은 유동성이 부족하여 가격 영향이 큰 거래소에서의 거래를 기피하게 된다.

유동성의 깊이는 탈중앙 거래소의 핵심 경쟁력으로, 현존하는 탈중앙 거래소들은 이를 확보하기 위해 치열하게 경쟁하고 있다. 기존의 탈중앙 거래소들이 호가주문과 블록체인 외부 연산 방식을 사용한 것과 달리, 유니스왑은 블록체인 내 연산이 가능한 CFMM을 도입했다. 이를 통해 누구나 손쉽게 유동성 공급자가 되거나 거래에 참여할 수 있게 되었고, 그 결과 기존 거래소들보다 높은 신뢰성과 유동성을 확보할 수 있었다. 이러한 혁신적 구조를 바탕으로 유니스왑은 출시 후 약 2년 만에 대표적인 탈중앙 거래소로 자리매김했으며, 그들의 거래소 설계 방식은 업계의 표준이 되었다. 그러나 2020년 9월, 유니스왑은 자신들의 구조를 그대로 복제한 스시스왑의 등장으로 위기를 맞게 되었다.

스시스왑의 유니스왑 구조 복제는 법적 문제가 되지 않았다. 유니스왑이 오픈소스 프로토콜로서 코드의 자유로운 복사, 수정, 재배포를 허용했기 때문이다. 그러나 스시스왑은 동일한 기능을 구현했음에도 유니스왑의 핵심 경쟁력인 유동성은 복제할 수 없었다.

탈중앙 거래소의 유동성은 이용자들이 두 종류의 토큰을 유동성 풀에 예치하고 그 대가로 LP^{Liquidity Pool} 토큰을 받는 방식으로 공급된다. LP 토큰은 이용자가 유동성 풀에 예치한 지분을 증명하는 토큰이다. 이는 부동산 공동 투자에서 공동 소유권 증서를 받은 뒤, 소유 지분 비율에 따라 임대료 수익을 배분 받는 것과 유사하다. LP 토큰도 유동성 풀 공급 증명서 역할을 수행한다. 스시스왑 출시 당시 유니스왑은 자체 토큰 없이도 이미 막대한 유동성을 보유하고 있었으며, 유동성 공급자들은 거래 수수료를 통해 충분한 수익을 얻고 있었다. 이러한 상황에서 스시스왑은 차별화된 유동성 확보 전략이 필요했다.

스시스왑은 자체 발행한 스시^{SUSHI} 토큰을 활용해 유니스왑의 유동성을 흡수하는 전략을 채택했다. 구체적으로 유니스왑 LP 토큰 보유자들에게 스시스왑의 스마트 컨트랙트에 LP 토큰을 예치하면 스시 토큰으로 보상하고, 이후 해당 LP 토큰을 스시스왑으로 이전하는 마이그레이션 이벤트를 실시했다. 이 과정에서 스시스왑은 이벤트 기간 동안의 보상을 10배로 증액하고, 유니스왑보다 낮은 거래 수수료(0.25%)와 추가 토큰 보상을 제공함으로써 유동성 공급자들에게 강력한 경제적 유인을 제시했다.

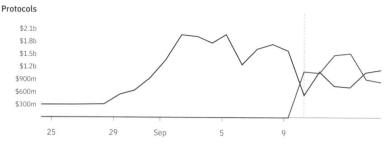

Protocols

Sep 10, 2020
● SushiSwap $1.082b
● Uniswap V2 $520.04m

  스시스왑의 전략은 놀라운 성과를 거두었다. 스시스왑 발표 이전 유니스왑의 예치 유동성은 약 3,500억 원 수준이었으나, 스시스왑 출시 이후 유니스왑에서 LP 토큰을 생성해 스시스왑에 예치하려는 자금이 급격히 유입되었다. 그 결과 불과 일주일 만에 유니스왑의 예치 유동성은 약 2조 원까지 증가했다. 2주간의 마이그레이션 이벤트가 종료된 후에는 본격적인 유동성 이전이 시작되어, 2조 원에 육박하던 유니스왑의 유동성은 6,000억 원까지 감소했지만 스시스왑의 유동성은 1조 원을 돌파했다.

  그러나 스시스왑의 마이그레이션 완료 후 스시 토큰 가격이 급등하자, 개발자 셰프 노미 Chef Nomi가 자신이 보유한 스시 토큰을 대량 매도하는 사태가 발생했다. 이에 스시 토큰으로 보상받은 다수의 유동성 공급자들도 매도에 나서며 토큰 가격이 하락세로 돌아섰다. 결과적으로 이러한 가격 하락과 스시스왑 개발자의 도덕적 해이는 유니스왑이 유동성을 회복하는 계기가 되었다.

  유니스왑은 반격에 나서며 자체 토큰 유니 UNI를 발행했다. 과거 유동성 공급자는 물론, 한 번이라도 거래에 참여했던 모든 주소를 대상으로 유니 토큰을 에어드랍하고, 유동성 공급자에게는 거래 수수료와 함께 추가 유니 토큰을 보상으로 지급하기로 했다. 이러한 전략을 통해 유니스왑은 신속하게 유동성을 회복하며 탈중앙 거래소 시장의 주도권을 되찾았다.

이 사례는 스시스왑의 '뱀파이어 공격Vampire Attack' 전략으로 알려졌으며, 토큰 보상을 활용한 유동성 확보의 대표적 사례로 기록되었다. 이후 암호화폐 시장에서는 토큰 발행과 에어드랍이 일반적인 마케팅 전략으로 자리잡게 되었다.

주목할 점은 스시스왑이 스시 토큰을 발행한 목적이 자본 조달이 아니었다는 것이다. 스시스왑은 ICO 없이 토큰을 출시하며 즉시 뱀파이어 공격을 실행했다. 이는 유동성 공급자들에게 더 큰 경제적 유인을 제공함으로써 초기 유동성을 확보하고, 이를 기반으로 사용자 기반과 거래량을 확대하기 위한 전략이었다. 마찬가지로 유니스왑의 토큰 발행 역시 두 가지 목적을 가지고 있었다. 첫째, 스시스왑으로 이탈한 유동성 공급자들에게 더 큰 경제적 유인을 제공하는 것이고, 둘째, 일반 이용자들의 과거 서비스 이용에 대해 보상함으로써 유동성을 회복하는 것이었다.

유니스왑과 스시스왑이 채택한 전략은 보상형 마케팅의 특성을 보여준다. 모바일 앱 서비스 분야에서 널리 활용되는 보상형 마케팅은 사업 목표 달성을 위해 이용자의 특정 행동에 금전적 보상을 제공하는 방식이다. 구체적으로 앱 설치, 서비스 이용, 광고 시청 등의 행동에 대해 포인트나 마일리지를 지급하는 형태로 진행된다.

이러한 관점에서 볼 때, 두 거래소가 유동성 공급과 거래 활성화를 위해 자체 발행 토큰을 보상으로 지급한 것 역시 보상형 마케팅의 일환으로 해석할 수 있다. 암호화폐 시장에서는 이를 에어드랍^{Airdrop}이라 부르는데, 이는 말 그대로 토큰을 공중에서 투하하듯 배포하는 보상 방식을 의미한다.

스시스왑과 유니스왑의 성공적인 에어드랍 이후, 다수의 블록체인 프로젝트들이 토큰 발행과 에어드랍을 통해 경쟁 서비스의 시장 점유율을 잠식하는 전략을 채택했다. 이는 결과적으로 시장 참여자들이 프로젝트의 토큰 발행과 에어드랍을 일반적인 관행으로 받아들이게 되는 계기가 되었다.

에어드랍은 크게 두 가지 방식으로 구분된다. 첫째는 스시스왑과 같이 서비스 출시 전에 에어드랍을 예고하여 시장 인지도를 높이는 사전 마케팅 전략이다. 둘째는 유니스왑처럼 이미 출시된 서비스가 시장 점유율 회복과 충성 고객 보상을 위해 진행하는 소급적 에어드랍이다.

소급적 에어드랍의 대표적 사례로 탈중앙 파생상품 거래소 dYdX^{디와이디엑스}를 들 수 있다. dYdX는 과거 서비스 이용 실적에 따라 차등적으로 DYDX 토큰을 보상으로 지급했는데, 출시일 최고가 기준으로 에어드랍된 토큰의 총가치는 약 1조 2천억 원에 달했다. 대상자가 많지 않았던 탓에 개인당 최소 400만 원에서 최대 2억 원 이상의 보상이 지급되었다. 이러한 파격적인 보상은 시장의 뜨거운 관심을 불러일으켰고, dYdX의 인지도를 크게 높이는 계기가 되었다.

그러나 이러한 소급적 에어드랍 전략은 몇 가지 문제점을 야기했다. 우선 dYdX나 유니스왑의 사례처럼 거액의 보상이 지급되자, 많은 이용자들이 아직 토큰이 나오지 않은 TGE^{Token Generation Event} 이전 서비스들을 찾아다니며 이용 기록만 남기는 행태를 보이기 시작했다. 이는 서비스의 실질적 지표를 왜곡하고 운영의 예측 가능성을 저해했다. 다만 이러한 방식으로라도 지표가 성장하면 시장의 주목을 받지 못하던 서비스가 재도약할 기회를 얻을 수 있다는 긍정적 측면도 있었다.

더욱 심각한 문제는 에어드랍이 '이용자' 기준이 아닌 '계정' 기준으로 진행된다는 점이었다. 블록체인의 개방성으로 인해 모든 지표는 계정 단위로 측정되며, 신원 인증이 불필요하다는 특성이 에어드랍의 취약점이 되었다. 누구나 쉽게 다수의 계정을 생성할 수 있어 에어드랍을 노린 계정 남용이 성행했고, 이는 충성 고객 보상이라는 에어드랍 본연의 의미를 퇴색시켰다. 결과적으로 다수 계정으로 보상을 받아 즉시 매도하는 이른바 '에어드랍 사냥꾼' 또는 '용병 자본'이 급증하게 되었다.

소급적 에어드랍의 또 다른 한계는 지속가능성이다. 과거 행위에 대한 일회성 보상이기 때문에, 보상이 중단되면 이용자들의 서비스 이용 동기가 급감한다. 이는 이용자와 서비스 간 장기적 이해관계의 불일치를 야기하며, 보상 토큰의 매도와 가치 하락으로 이어진다. 특히 보상 중단 시 사용자 이탈이 발생하고, 이는 다시 토큰 가치 하락과 서비스 동력 약화라는 악순환을 초래할 수 있다.

토큰을 통한 보상 지급 방식은 에어드랍 외에도 다양하게 존재한다. 유동성 채굴, 이자 농사, P2E^Play to Earn, X2E^X to Earn 등은 명칭만 다를 뿐 본질적으로는 동일한 보상 메커니즘을 기반으로 한다. 이러한 금전적 보상은 단기적으로 서비스 이용을 촉진할 수 있으나, 지속적인 제공은 불가능하다. 따라서 궁극적으로는 사용자의 내재적 동기 유발이 필요하지만, 토큰이나 포인트와 같은 외재적 보상으로 내재적 동기를 창출하기는 매우 어렵다.

이러한 현상은 자기결정 이론^Self-determination theory을 비롯한 여러 동기 이론을 통해 설명할 수 있다. 자기결정 이론의 하위 이론인 인지평가이론Cognitive evaluation theory에서는 인간의 목표 달성 동기를 외재적 동기와 내재적 동기로 구분한다. 내재적 동기는 개인이 특정 과업에 대한 자신감과 자발적 결정에서 비롯되며, 쉽게 말해 스스로 잘할 수 있다고 느끼는 일을 선택할 때 발생한다. 반면 외재적 동기는 금전적 보상과 같은 외부 자극에서 발생한다.

외재적 동기에 의한 행동은 보상이라는 외부 요인에 초점이 맞춰지며, 이는 행동의 통제 요인으로 작용한다. 이러한 외부 통제에 의한 동기와 행동은 해당 요인이 사라지면 지속되기 어렵다. 또한 지속적인 외부 자극은 오히려 그 효과가 감소하므로, 외재적 동기는 단기적 효과에 적합하다. 반면 내재적 동기는 행동의 자발적 선택과 효능감에서 비롯되므로 더 지속가능하다.

물론 내재적 동기와 외재적 동기는 독립적으로 존재할 수 있으

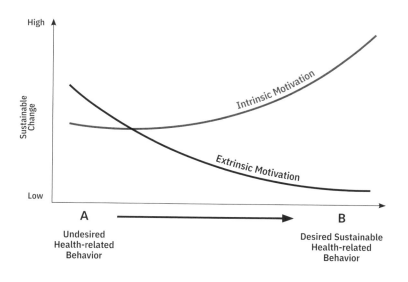

내재적 동기와 외재적 동기가 건강 관련 행동의 지속 가능성에 미치는 영향

며, 때로는 외재적 동기를 통해 접한 활동에서 내재적 동기가 발생할 수도 있다. 그러나 다수의 에어드랍 사례가 보여주듯, 금전적 보상으로 유입된 이용자 중 내재적 동기를 발견하는 경우는 매우 드물다.

특히 블록체인 서비스의 경우, 스시스왑이 유니스왑을 복제포크했던 것처럼 탈중앙화와 오픈소스 특성으로 인해 기능 복제가 용이하다. 또한 대부분의 보상이 거래가 쉬운 토큰 형태로 제공되어, 이용자들은 기존 보상을 현금화하고 다른 서비스로 쉽게 이동할 수 있다.

암호화폐의 이러한 특징과 에어드랍과 같은 보상 관행으로 인해, 현재 암호화폐 시장 참여자 대부분은 금전적 보상에 초점을 맞추고 있다. 일부 서비스는 이러한 시장 참여자의 기대에 부응하고자 무분별하게 토큰을 발행하고 분배하지만, 제품과 서비스의 본질적 가치 향상 없이 이루어진 토큰 분배는 결국 가치 하락으로 이어지는 경우가 많다. 향후 추가 토큰 분배가 없는 경우를 제외하면, 토큰은 지속적으로 발행되어 기존 토큰의 가치를 희석시키므로, 토큰 발행 시점부터 그 가치를 높이기 위한 지속적인 도전 과제가 발생한다.

스마트 컨트랙트를 통해 발행·분배된 토큰은 이미 이용자와 투자자의 소유가 되며, 블록체인의 특성상 이를 강제로 회수할 방법이 없다. 이러한 문제에 대응하여 일부는 제품 품질 향상이나 토큰 경제 구조 개선에 힘쓰는 반면, 다른 일부는 제품과 이용자를 외면한 채 프로젝트 운영을 포기한다. 그러나 토큰이 존재하는 한, 서비스 제공자는 자신들이 발행한 토큰과 서비스의 잠재력 및 경쟁력을 프로젝트 종료 시까지 시장에 지속적으로 입증해야 한다.

암호화폐가 지닌 잠재력은 분명한 이점이 있다. 자금 조달의 용이성뿐만 아니라, 경제적 동기를 통해 어떤 수단보다 효과적으로 개인과 집단의 행동을 유도할 수 있다. 블록체인과 암호화폐 산업이 활성화된 지 수년에 불과하지만, 이 짧은 기간 동안 기존 산업에서는 찾아보기 어려웠던 창조적 시도가 이어지고 있으며, 과거의 실패를 교훈 삼아 지속적으로 발전하고 있다. 블록체인을 중심으로 구축된 경제·사회·정치·문화적 측면의 거대한 실험장 한가운데에 암호화폐가 자리 잡고 있음은 분명하다.

시장 이슈: 김치 프리미엄, 밈코인, 버블 사례

• 밈코인과 커뮤니티

2025년 1월 18일, 미국 대통령 트럼프가 솔라나 블록체인에서 공식 밈코인을 발행하여 하루 만에 330억 달러의 시가총액을 달성했다. 한 투자자는 2 SOL(한화 약 70만 원)을 투자한 지 2시간 만에 11,105 SOL(한화 약 30억 원)의 수익을 올렸고, 이를 트위터에 인증하면서 수많은 투자자들의 투자 심리를 자극했다.

취임을 앞둔 미국 최고 권력자인 대통령까지 밈코인을 발행하는 상황을 보며, 블록체인 투자 시장에 어떤 변화가 일어나고 있는지 살펴보자.

블록체인 투자 시장은 다른 산업과 마찬가지로 벤처캐피털 VC 주도의 프라이빗 투자가 주류를 이루어왔다. 다만 블록체인 업계는 토큰 발행이라는 특수성 덕분에 다른 분야(최소 3~5년)보다 빠른 1~3년 내 회수가 가능하다는 특징이 있다.

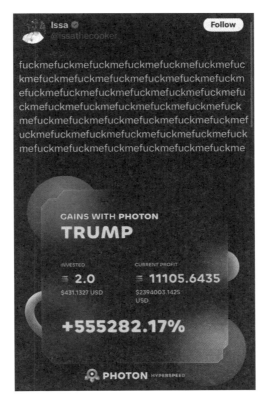

해당 유저의 트위터 사진

출처 : https://x.com/issathecooker/status/1880465416365174939

프로젝트 개발자는 초기 자금 조달을 위해 투자유치[IR] 활동을 펼치고, VC는 잠재력 있는 팀을 심사해 적합한 프로젝트를 선별하여 낮은 가격에 투자한다. 이후 코인이나 토큰을 높은 가치로 거래소에 상장시키고 일반 투자자에게 고가에 판매함으로써 수익을 실현했다. 일반 투자자들 역시 유명 VC의 투자 여부를 성공 가능성을 가늠하는 지표로 삼았다. 그러나 2024년 11월 말 하이퍼리퀴드의 등장과 밈코인의 세계적 유행으로 커뮤니티 주도 펀딩이 새로운 화두로 떠올랐다.

　VC 중심의 투자 시장에서 일반 투자자들은 관심 있는 프로젝트라 해도 초기 저평가 단계에서는 투자 기회를 얻기 어려웠다. 이는 누구나 자발적으로 참여하고 보상받을 수 있다는 블록체인의 근본정신과 배치되는 현실이었다. VC가 투자한 토큰이 고평가 상태로 일반 투자자에게 판매되면서 가격 하락이 빈번히 발생했고, 완전 희석 가치 FDV, Fully Diluted Valuation[15]가 높은 프로젝트들에 대한 불신이 커졌다. (단, VC의 초기 투자는 높은 위험을 감수하며 손실이 발생하는 경우도 많고, 상장 후 VC 물량은 보통 6개월 이상 매도가 제한된다는 점을 덧붙인다.)

　밈코인은 대부분 초기 벤처캐피털VC 투자 없이 출시되며, 일반 투자자들도 초기 낮은 시가총액 단계에서 참여할 수 있다는 점에서 오히려 공정한 투자 기회를 제공한다는 평가를 받았다(물론 밈코인이라고 해서 내부자 거래가 전혀 없었던 것은 아니다). 2024년 토큰 2049Token 2049 행사에서 가장 주목받은 세션은 무라드 마흐무도프Murad Mahmudov의 기조연설 '밈코인 슈퍼사이클'이었다. (https://www.youtube.com/watch?v=6nqzwdGxTGc)

　그는 2024년 바이낸스에 상장된 코인들 중 밈코인 관련 종목(예 : WIF, JUP 등)을 제외한 모든 코인이 하락세를 보였다고 지적했다. 또한 신규 상장된 기술 기반 알트코인들이 과대 계상된 초기 가격으로 책정되어, 결과적으로 일반 투자자들이 벤처캐피털의 투자금 회수 통로 역할을 하게 된다고 비판했다.

15　암호화폐 세계에서 모든 토큰이 유통 중일 경우 암호화 프로젝트의 총가치를 나타내는 지표로, 프로젝트의 잠재적 시장 가치를 예측할 수 있도록 한다.

밈 코인(Meme Coin)	기술 기반 알트코인(AltCoin)
• 재미와 커뮤니티 소속감을 통한 수익 창출이 주목적	• 벤처 캐피털의 초기 가격 과대 계상 경향
• 전체 물량이 즉시 유통되어 별도의 잠금 해제 기간 없음	• 상당량의 토큰이 내부 관계자에게 배정됨
• 대부분의 토큰이 커뮤니티 구성원들에게 분배됨	• 단계적 토큰 잠금 해제 일정 존재

밈 코인과 기술 기반 알트코인의 비교

밈코인은 기술적 효용이 부족하다는 비판을 받고 있다. 그러나 정서적·사회적 가치를 제공하며 강력한 몰입과 참여를 이끌어내고 커뮤니티 형성에 성공하고 있다. 개인 투자자들은 기술적 완성도보다 수익성과 재미, 소속감을 중시하기 때문에 알트코인보다 밈코인을 선호할 것으로 전망된다.

솔라나 생태계에서는 밈코인 발행 플랫폼 '펌프펀pump.fun의 등장으로 진입 장벽이 낮아져 다양한 창작물과 시도가 이어지고 있다. 또한 문페이 등 암호화폐 결제 서비스의 대중화로 밈코인의 탈중앙화 거래DEX 과정이 간소화되었다. 이러한 요인들이 복합적으로 작용하여 밈코인 순환과 커뮤니티 중심의 생태계가 새로운 화두로 부상하게 되었다.

이어서 앞서 언급한 '하이퍼리퀴드'를 소개하고자 한다. 하이퍼리퀴드는 하버드대학교 출신 설립자 제프 얀Jeff Yan이 만든 탈중앙화 선물 거래소이다. 레이어1 블록체인, 온체인 거래소, 최적화된 사용자 경험이라는 세 가지 핵심 요소를 중심으로 발전했으며, 투자 유치를 거부하고 발행 코인의 70%를 커뮤니티에 배정하는 파격적인 행보를 보여주었다.

이러한 정책에 따라 전체 발행량 중 31%의 '$HYPE' 토큰이 94,028명의 초기 기여자에게 에어드랍되었다. ASXN Data의 분석 보고서에 따르면, 사용자당 평균 2,915.66개의 토큰을 받았으며, 2024년 12월 31일 기준 '$HYPE'의 시세가 4만 원에 달해 1인당 평균 1억 원이 넘는 파격적인 혜택을 제공했다(단, 평균 수령량은 중간값과 다를 수 있음).

기존에는 에어드랍 수혜자들이 중앙화 거래소 상장 시점에 맞춰 대거 매도하면서 가격이 하락하는 것이 일반적이었다. 그러나 하이퍼리퀴드의 '$HYPE'는 중앙화 거래소 상장 없이도 커뮤니티 주도의 폭발적인 가격 상승을 이루어냈으며, 이는 벤처 캐피털과 커뮤니티가 동등하게 참여할 수 있다는 새로운 가능성을 보여주었다. 아직 초기 단계이므로 향후 행보를 지켜봐야 하겠지만, 블록체인의 정치적 탈중앙화를 실현하려는 진지한 노력과 에어드랍 이후에도 활발한 실사용이 이루어진 모범 사례로 평가할 만하다.

밈 코인에 대해 더 알고 싶으면, '밈코인^{Meme Coin}의 Needs는 어디에서 오는가?(feat. PEPE)' 글을 읽어보기를 추천한다.

• 왜 코인은 한국에서 더 비쌀까 : 김치 프리미엄

암호화폐 생태계에서 한국은 독특한 특성을 보인다. 그중 가장 주목할 만한 현상이 바로 '김치 프리미엄'이다.

김치 프리미엄이란 한국의 암호화폐 시세가 해외 시세보다 높을 때 발생하는 가격 차이를 일컫는다. 이는 암호화폐 도입 초기부터 논란의 대상이 되어왔지만, 동시에 국내 암호화폐 투자자들에게 새로운 수익 기회를 제공해온 한국 시장만의 특징이기도 하다.

이러한 현상이 발생하는 주된 이유는 한국의 독특한 규제 환경에 있다. 국내 암호화폐 거래소들은 반드시 은행 계좌와 연동되어야 하며, 외국인의 거래소 가입도 제한적이다. 이로 인해 국내 암호화폐 시장의 유동성은 종종 글로벌 시장과 단절되는 현상을 보인다.

다음 그래프에서 볼 수 있듯이, 국내 암호화폐 가격이 해외 가격보다 비정상적으로 높아지는 현상이나 반대로 오히려 낮아지는 마이너스 프리미엄 현상이 나타났다. 이는 불균형한 수요와 제한적인 재정 거래arbitrage 환경이 시장 가격의 왜곡으로 이어진 결과로, 이러한 현상이 빈번하게 관찰되었다.

불균등한 수요가 원인인지, 아니면 김프 프리미엄 자체가 원인인지에 대해서는 의견이 분분하지만, 불균형한 시장 속에서 발생하는 기회들로 인해 한국의 암호화폐 시장이 초창기에 큰 관심과 자

비트코인 김치 프리미엄 지표
출처 : 크립토퀀트

본을 끌어들일 수 있었던 것은 부정할 수 없는 사실이다.

풍부한 자본이 집중된 상황에서 한국 거래소들의 잦은 입출금 점검과 중단은 이러한 김치 프리미엄 현상을 더욱 심화시켰다. 국내 암호화폐 거래소들은 대부분 코인과 토큰의 입출금을 단일 네트워크로만 지원한다. 이로 인해 특정 네트워크에 문제가 발생하거나 거래소가 네트워크 점검을 실시할 때는 해당 코인이나 토큰의 유동성이 한국 시장에 완전히 고립되는 현상이 발생한다.

이처럼 고립된 유동성 상태에서 특정 코인의 이벤트가 발생하거나 대규모 매매가 이루어질 경우, 입출금이 재개될 때까지 재정 거래가 불가능해져 김치 프리미엄이 장기간 지속되는 상황이 자주 목격된다.

2024년 들어 업비트와 빗썸이 모두 달러 페깅 스테이블코인 테더USDT를 자체 상장하면서 김치 프리미엄은 과거에 비해 크게 감소했다.

한국의 암호화폐 생태계는 거래량과 자본력 면에서 세계 상위권을 차지하고 있다. 그러나 거래소 시스템의 한계와 과도한 규제로 인해 시장 수요의 불균형이 심화되고 있다는 점은 우려할 만하

다. 김치 프리미엄 해소는 한국 암호화폐 생태계의 건전한 발전을
위해 반드시 해결해야 할 과제로 보인다.

Part II

철학과
거버넌스,
그리고 규제

4장

블록체인 거버넌스

: 무신뢰가 만드는 신뢰 체계

• 블록체인, 다수의 합의에 기반한 신뢰 시스템

'합의consensus'란 상호 간의 의견을 일치시키는 것을 의미한다. 합의는 당사자들이 보유한 정보 수준을 동일하게 맞추는 과정으로, 공동체 내 의사결정을 원활하게 하는 필수 요소이다. 블록체인은 기존 시스템과 비교하면 다소 급진적인 철학을 담고 있어서 그 구조역시 매우 다를 것이라 생각하기 쉽다. 그러나 이러한 차이는 모두합의 과정에서 비롯된다. 블록체인이 전 세계 다수의 참여자가 공통으로 운영할 수 있는 합의 과정을 포함하고 있기 때문이다.

블록체인은 누구나 참여할 수 있는 개방형 네트워크이다. 만약블록체인에 합의 과정이 없다면, 악의적 의도를 가진 주체가 네트워크에 접근하여 특정 데이터 블록을 임의로 변경하거나 삭제할 수있다. 이러한 경우 해당 네트워크의 데이터는 신뢰성을 잃게 되어그 가치가 사라지고 만다.

따라서 블록체인의 데이터 블록이 신뢰성을 확보하고 널리 공유되려면, 대다수가 동의할 수 있는 '유일하고 동일한 데이터'로 구성되어야 한다. 블록체인의 합의 과정은 네트워크 참여자들이 데이터를 기록하기 전에 이를 확정하는 절차를 의미한다. 현재 시장에는 다양한 종류의 블록체인이 존재하는 것처럼 보이지만, 실제로는합의 알고리즘의 차이만이 핵심적인 구분 기준이 된다.

그렇다면 다음과 같은 의문이 제기될 수 있다. 왜 블록체인의종류가 이토록 다양하며, 각각의 블록체인은 왜 서로 다른 합의 알고리즘을 채택하여 네트워크를 구성할까? 그 이유는 합의라는 개념이 매우 복합적인 문제를 내포하고 있기 때문이다. 블록체인은 본질적으로 다수의 노드가 참여하는 것을 전제로 한다. 이때 다수의 노드들이 단일하고 동일한 데이터를 생성하기 위해서는 통신을 통한 합의가 필요한데, 참여자가 많아질수록 네트워크 통신의 복잡도는 기하급수적으로 증가한다.

이에 각 네트워크는 자체적인 우선순위를 설정하여 수용 가능한 참여자의 수, 참여자 간 통신 방식, 데이터 및 블록 순서의 확정Finalize 규칙 등을 조율한다. 이를 통해 네트워크의 확장성, 탈중앙성, 보안성 사이의 균형점을 찾아간다.[1]

그러나 이 모든 시도의 근본적인 목표는 하나로 수렴된다. 즉, '어떻게 기존의 합의 과정을 개선하여 다수의 참여자들이 더욱 효율적이고 신뢰할 수 있는 방식으로 네트워크를 유지할 수 있을까'라는 질문에 답하는 것이다. 결국 블록체인의 본질은 '다수의 합의를 기반으로 신뢰를 구축하는 시스템'이라 할 수 있다.

- **지분 증명 패러다임의 확산과**
  온체인 거버넌스에 대한 관심 증가

블록체인이 채택할 수 있는 합의 알고리즘의 절대적 기준은 존재하지 않는다. 그러나 최근 2년간 이더리움을 선두로 대다수의 블록체인이 지분 증명 계열의 합의 알고리즘을 채택하는 추세다. 이는 기존의 작업 증명 방식과 비교하여 지분 증명 방식이 에너지 효율성과 보안성 측면에서 더 많은 이점을 제공한다는 인식이 확산되었기 때문이다.

---

1   이더리움의 창시자, 비탈릭 부테린은 이를 블록체인의 트릴레마(Trilemma)라고 정의하였다.

이러한 합의 알고리즘 패러다임의 전환은 산업 전반에 상당한 변화를 가져왔다. 특히 주목할 만한 점은 블록체인 참여자들이 자신이 보유한 코인의 수량, 즉 지분의 중요성을 새롭게 인식하게 되었다는 것이다.

지분 증명이 활성화되면서 가장 두드러진 변화는, 노드를 직접 구성하지 못하는 일반 지분 보유자도 블록 생성 보상을 받을 수 있게 된 점이다. 기존의 작업 증명 방식과 달리, 지분 증명에서는 노드가 블록을 생성할 기회를 얻을 확률이 보유 지분량에 비례한다. 이에 따라 스테이킹 풀Staking Pool[2] 이나 위임Delegation 등 다양한 참여 방식이 마련되어, 지분 보유자들은 블록 생성에 직접 참여하지 않고도 네트워크 운영에 기여하며 보상을 받을 수 있게 되었다.

이처럼 블록체인 네트워크의 접근성이 개선되고 지분의 역학 구조가 네트워크 보안성과 직결되면서, 사람들은 지분의 중요성과 그에 따른 책임을 재고하게 되었다. 나아가 이러한 인식 변화는 지분 보유자들의 '온체인 거버넌스On-Chain Governance'에 대한 관심으로 이어졌다.[3]

물론 온체인 거버넌스 논의가 지분 증명 체제 도입 이후에야 활

---

2   대부분의 네트워크 참여자는 스테이킹에 필요한 컴퓨팅 자원을 거의 보유하지 않는다. 이에 참여자들은 노드 운영이 가능한 기관이 운영하는 스테이킹 풀에 자신의 지분을 위임하여 네트워크 보안에 기여한다. 이들은 스테이킹 풀 수수료를 제외한 참여 비율에 따른 보상을 받는다.

3   거버넌스란 조직이 비전을 추구할 때 필요한 주요 의사결정 체계를 의미한다. 블록체인에서 거버넌스의 핵심은 네트워크의 표준 채택과 운영 방향을 합의하는 과정이다. 특히 온체인 거버넌스는 블록체인상에서 이루어지는 의사결정 체계를 말하는데, 자동화된 스마트 계약 논리, 조직 권한과 운영 기록의 관리, 그리고 투표권으로서의 토큰 활용 등이 이에 포함된다.

발해진 것은 아니다. 테조스Tezos, 디피니티DFINITY, 이오스EOS 등의 블록체인 네트워크는 일찍부터 온체인 거버넌스로 프로토콜의 방향을 결정해 왔다. 2020년에는 디파이 프로토콜인 컴파운드Compound가 자체 거버넌스 토큰을 발행하며 '디파이 여름DeFi Summer'을 이끌었다. 더욱이 2014년부터 시작된 탈중앙화 자율 조직DAO의 성장이 이러한 흐름과 맞물려, 토큰 기반 조직 운영이 블록체인 생태계의 주류 구조로 자리 잡았다.

하지만 거버넌스라는 개념 자체가 본래 모호할 뿐만 아니라, 다수의 토큰 보유자에게 어떤 권한을 어떻게 부여할지에 대한 구체적인 온체인 거버넌스 체계 논의가 부족했다. 이로 인해 온체인 거버넌스가 조직의 비전 달성에 실질적으로 기여한 사례는 극히 드물었다. 그러나 최근 지분 증명 패러다임이 등장하면서 거버넌스에 대한 관심이 다시 높아졌고, 거버넌스 체계의 중요성이 새롭게 조명받기 시작했다.

반면 오프체인 거버넌스는 프로토콜 내부 동작과 무관한 모든 거버넌스 절차를 포괄하는 개념이다. 디스코드와 같은 소셜 미디어에서의 커뮤니티 구성원 간 논의, 포럼이나 컨퍼런스에서의 의견 개진 등 프로토콜 외부에서 이루어지는 모든 과정이 이에 해당한다. 오프체인 거버넌스는 전통적인 의사결정 체계와 유사한 면이 있으며, 온체인이라는 제약에서 자유로워 더욱 유연한 의사결정이 가능하다.

비트코인과 이더리움은, 대표적인 오프체인 방식 채택 프로토콜이다.[4] 특히 메인넷[5] 성격의 프로토콜들은 재단이나 핵심 개발자들로 구성된 조직을 중심으로 오프체인 거버넌스를 채택하는 경우가 많다. 이는 이들이 프로토콜의 기반 구조와 발전 방향을 가장 깊이 이해하고 있기 때문이다. 따라서 거버넌스 참여자의 수가 많을 필요는 없다. 반면, 인프라 단보다 애플리케이션 단에 가까운 프로토콜일수록 최종 사용자의 효용성과 직접적으로 연관되어 있어, 오프체인 거버넌스보다는 토큰 기반의 온체인 거버넌스를 선호하는 경향이 있다.[6]

오프체인과 온체인 거버넌스의 특징을 간략히 비교해보면 <표 1>과 같다.

현실 세계에서 조직마다 의사결정체계가 다르듯이, 블록체인 프로토콜도 각자의 비전에 맞는 프레임워크를 구축해야 한다. 따라서 어떤 방식이 정답이라고 단정 지을 수는 없다. 오늘날 많은 프로토콜은 여러 서브다오subDAO를 활용해 온체인 방식과 오프체인 방식을 적절히 결합한 하이브리드형 거버넌스 구조를 채택하고 있다.

• 블록체인 거버넌스의 속성

블록체인의 거버넌스 시스템이 온체인on-chain 거버넌스라는 형태로 다양하게 실험되고 있는 배경에는 탈중앙성이라는 특성에 부여된 여러 철학적 의미가 자리 잡고 있다. 따라서 블록체인의 거버넌스

---

4 비트코인과 이더리움은 각각 BIP(Bitcoin Improvement Proposal)와 EIP (Ethereum Improvement Proposal)를 중심으로 프로토콜 거버넌스를 전개하고 있다. 이들은 커뮤니티의 자유로운 참여를 보장하면서도, 편집위원회와 핵심 개발자들로 구성된 정기 회의를 통해 제안된 안건들을 체계적으로 검토하고 적용한다. 각 거버넌스 프레임워크에 대한 상세한 내용은 BIP-1, EIP-1, EIP-5069 등의 문서를 참조하기를 바란다.

5 특정 플랫폼으로부터 독립성을 유지하면서 자체적인 생태계를 구축할 수 있는 프로토콜

6 거버넌스의 범위에 대해서는 5.2 장에서 더욱 자세히 살펴보도록 한다.

오프체인 거버넌스	온체인 거버넌스
의사결정 체계에 따라 참여자들 간 정보 비대칭이 발생할 수 있다.	의사결정 과정이 투명하게 공개되어 문제 인식 수준이 균일화된다.
의사결정 체계를 유연하게 구성할 수 있으나, 다수의 참여자를 동시에 참여시키는 데 한계가 있다.	모든 참여자의 의사결정 참여가 용이하다
프로토콜 개선에 의지가 있는 참여자들로 구성되어 상대적으로 높은 거버넌스 참여율을 보인다.	거버넌스 참여율이 저조할 수 있어 효과적인 의사결정이 어려울 수 있다.
토론 등 민주적 방식으로 의사결정을 진행할 수 있다.	소수 대량 토큰 보유자들이 의사결정을 좌우할 수 있다(예: Fishy DAO, 금권정치).
안건의 중요도에 따라 유연한 대처가 가능하다.	정해진 프로토콜에 따라 신속한 진행이 가능하나, 절차적 유연성이 부족하다.
익명성이 낮아 프로토콜을 안정적으로 개선할 수 있다.	익명성으로 인해 악의적 행위(스팸성 제안, Dark DAO 등)를 사전 차단하기 어렵다.
모든 참여자들에 의해 결정이 되므로, 투표 결과가 유효함	거버넌스 토큰에 다양한 기능이 있는 경우, 무관심 보유자로 인해 투표 결과의 유효성이 저하될 수 있다.

표1. 오프체인 거버넌스와 온체인 거버넌스

실험들을 이해하기에 앞서, 탈중앙성이 지닌 본질적 가치에 대해 먼저 고찰할 필요가 있다.

탈중앙성이라는 용어는 다양한 정의가 존재할 만큼 그 개념이 모호하다. 다만 '중앙화된 주체의 위험을 최소화할 수 있는 구조적 특성'이라는 점에서는 어느 정도 합의가 이루어져 있다.

블록체인의 기술적 구현에서 탈중앙성의 본질을 살펴보면, 이는 '진입장벽이 낮은 참여 환경'과 밀접한 관련이 있다. 블록체인 네트워크는 투명한 운영이라는 공동의 목표 달성을 위해 참여자들의 자율성과 책임을 강조한다. 이는 설계된 인센티브 체계 아래에서 규칙 준수를 기여로 인정하고 명확한 보상을 제공하는 방식으로 구현된다. 또한 네트워크는 철저히 중립적인데, 특정 주체에게 유리하게 편향될 경우 다양한 참여자의 광범위한 참여를 보장할 수 없기 때문이다.

실제로 블록체인을 기반으로 한 탈중앙화 응용 프로그램DApp, 탈중앙화 자율조직DAO, 웹3Web3, 창작 경제 등 모든 파생 개념이 지향하는 가치는 블록체인 네트워크의 작동 방식과 매우 유사하다. 따라서 이러한 시스템에서 참여자들의 의사결정 과정을 총칭하는 거버넌스 시스템 역시 이러한 가치를 강조하는 것은 자연스러운 현상이다.

그러나 가장 중요한 것은 '방식How'과 '목적Why'을 혼동하지 않는 것이다. 앞서 언급했듯이, 거버넌스는 조직이 비전을 추구하는 과정에서 이루어지는 주요 의사결정 체계다. 즉, 거버넌스 체계 구축의 최우선 목적은 조직의 비전 달성이다. 따라서 조직은 공동의 목적에 대한 합의를 이루어야 하며, 의사결정 과정에서 얻을 수 있는 부차적 가치들이 조직의 근본 목적보다 우선시될 수는 없다.

좋은 거버넌스를 위한 과제

유엔 아시아태평양 경제사회위원회ESCAP 보고서는 좋은 거버넌스의 8가지 원칙을 제시한다. 참여, 법치, 투명성, 대응성, 합의 지향, 형평성과 포용성, 효과성과 효율성, 그리고 책임성이 그것이다. 이러한 원칙들은 얼핏 직관적으로 보이지만, 실제 거버넌스 현장에서 이를 실천하기란 쉽지 않다.

군중심리학의 연구 결과에 따르면, 개인에게 과도한 권리가 부여될 경우 비이성적인 군중이 형성되어 공동체의 이익보다 개인의 이익을 우선하는 경향이 강해진다. 우리는 특정 목적을 달성하기 위해 단체나 커뮤니티를 조직하지만, 일관된 의사결정 원칙을 뒷받침하는 체계가 미비하다면 구성원들이 공통의 목표를 향해 나아가기 어렵다.

블록체인은 기존 시스템보다 개인과 단체의 권리와 책임을 더욱 강조한다. 따라서 블록체인 업계의 다양한 사례를 바탕으로, 각 프로토콜이 발전된 거버넌스를 구현할 수 있도록 현재의 문제점들을 검토하고, 특히 온체인 거버넌스 측면에서 최소한의 공통 프레임워크를 논의할 필요가 있다.

• 거버넌스의 범위와 그에 맞는 참여자의 불일치

프로토콜 거버넌스는 다수의 참여자들이 모여 프로토콜의 발전 방향을 결정하는 중요한 의사결정 체계이다. 따라서 제안되는 안건의 범위와 전문성 수준은 참여자들이 충분히 이해하고 효과적으로 논의할 수 있는 정도로 설정되어야 한다. 그렇지 않으면 안건에 대한 불충분한 이해로 인해 의사결정이 교착 상태에 빠지거나, 최악의 경우 프로토콜이 본래의 목적과 어긋난 방향으로 발전할 수 있다.

블록체인 생태계는 트랜잭션 처리를 위한 네트워크를 구성하고 유지하는 메인넷부터 일반 사용자를 위한 응용 프로그램까지 그 범위가 매우 넓다. 따라서 각 프로토콜이 추구하는 비전의 깊이와 고도화를 위한 논의 수준도 매우 다양하다.

일반적으로 메인넷에 가까운 프로토콜일수록 참여자들은 프로토콜의 거시적 방향성을 깊이 이해하고 네트워크 운영에 관한 전문성을 갖추어야 한다. 이 경우 참여 주체의 다양성보다는 전문성

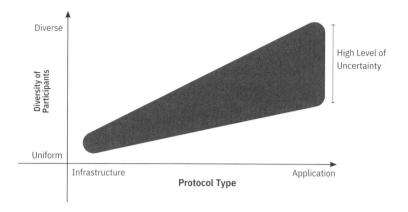

프로토콜 유형별 참가자 다양성

출처 : JayLovesPotato, Four Pillars

이 중요하다. 반면 응용 프로그램에 가까울수록 불특정 다수 사용자의 요구사항을 반영해야 하므로, 전문 지식보다는 실제 사용자의 효용과 직결된 안건이 주를 이룬다. 따라서 참여 주체도 더욱 다양해진다.

예를 들어, 코스모스 생태계의 오스모시스는 탈중앙화 거래소 DEX 특화 앱체인[7]으로서 네트워크 인프라 단의 거버넌스와 최종 사용자의 효용과 관련된 유틸리티 단의 거버넌스를 모두 포함한다. 이처럼 거버넌스의 범위와 참여 주체의 다양성이 매우 크지만, 모든 참여자가 모든 범위의 안건에 대해 의사결정을 내리도록 함으로써 거버넌스의 효율성이 저하될 뻔한 사례가 있었다.[8]

---

7   앱 체인(Application Chain)은 디파이(DeFi), 게임, NFT 발행 등 특정 기능에 특화된 블록체인 네트워크를 말한다. 따라서 각 앱 체인은 자체 서비스에 최적화된 맞춤형 네트워크를 구성할 수 있는 기술 스택을 활용한다.

거버넌스 시스템의 개방성은 언뜻 보기에는 탈중앙적인 가치를 지향한다는 점에서 우리에게 잠재적으로 크나큰 가치를 제시해 주는 것 처럼 보이지만, 현실적으로 효율적이고 효과적인 거버넌스의 운영을 위해서는 거버넌스의 범위에 따른 올바른 참여자를 식별하여 그 결과가 유효하도록 해야할 것이다.

의사결정의 품질을 떨어뜨리는 요인들

솔리시Sollisch, 2016에 따르면 보통 성인은 하루에 약 3만 5천 번의 의사결정을 한다. 그런데 평소보다 많은 결정을 내려야 할 때는 결정을 미루거나 비이성적으로 판단하는 경향이 나타난다. 사회심리학자 로이 F. 바우마이스터Roy F. Baumeister는 이처럼 연속적인 의사결정으로 인해 후속 판단이 비이성적으로 이루어지는 현상을 '의사결정 피로Decision Fatigue'라고 최초로 개념화했다.

블록체인 거버넌스, 특히 온체인 거버넌스에서는 불규칙적으로 제기되는 다량의 제안으로 인해 투표 참여자들이 제공된 정보를 시의적절하게 처리하고 평가하는 데 어려움을 겪는 경우가 빈번하다.

의사결정의 질을 저하시키는 요인은 안건의 양적 측면 외에도 다양하다. 개별 안건들은 완전한 정보가 수반되지 않거나, 기존 또는 연관 안건들의 맥락 이해가 필요한 경우가 많다. 현재 대다수의

---

8   일부 제안된 스마트 컨트랙트의 네트워크 업로드 건이 과반수의 찬성을 얻었으나, 후속 검증 과정에서 한 검증인이 코드 결함을 발견하여 최종 기각되었다.

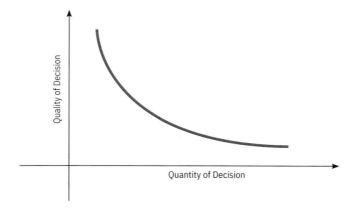

의사 결정 피로도

출처 : JayLovesPotato, Four Pillars

거버넌스 포럼은 전체 거버넌스 안건을 한눈에 파악할 수 있는 종합적 조망을 제공하지 못하고 있다.

더욱이 개별 안건의 투표 기한이 중요도에 따라 탄력적으로 운영되지 못하며, 참여자들의 지리적·언어적 다양성으로 인해 효율적이고 통일된 의사소통이 어렵다. 일례로 2022년 5월, 테라Terra 관련 자산 폭락 시 테라 생태계에 크게 의존하던 디파이DeFi 프로토콜은 긴급 대응이 필요했으나, 의사소통의 한계와 신속한 실행력 부재로 심각한 어려움에 직면했다.

마지막으로, 거버넌스 안건 참여나 투표를 위한 도구들은 여전히 사용자 경험UX과 인터페이스UI 측면에서 불편함이 많다. 이러한 투표 과정의 접근성 문제는 참여자들의 피로도를 높이고 적극적 참여를 저해하므로 시급히 개선되어야 할 핵심 과제다.

• 금권정치 및 담합에 취약한 구조

프로토콜 거버넌스에서 다양한 참여자들이 자유롭게 참여할 수 있는 탈중앙화는 다수의 이익을 대변할 수 있어 매우 중요하다. 예컨대 특정 참여자들의 이익만을 보장하는 거버넌스 제안이 상정되더라도, 프로토콜이 충분히 탈중앙화된 거버넌스 구조를 갖추고 있다면 공공의 이익을 위해 그러한 제안을 거부할 수 있다.

그러나 현재 PoS 계열의 합의 알고리즘을 따르며 토큰 기반 온체인 거버넌스를 시행하는 대다수 프로토콜은 실질적인 탈중앙화 거버넌스를 보장하는 데 구조적 한계가 있다. 가장 대표적인 문제는 1토큰당 1의결권을 부여하는 거버넌스 구조다. 이 구조에서는 거버넌스 토큰 10개를 보유한 단일 주체가 토큰 1개를 보유한 10명과 동일한 의결권을 갖게 된다. 즉, 토큰 보유자 개인의 투표력이 보유 지분에 비례하여 선형적으로 증가하는 구조이다.

이는 자본의 힘으로 프로토콜의 방향성과 정체성을 결정하는 '다수의 폭정' 또는 '금권정치plutocracy'를 초래할 위험이 있다. 실제로 소수 주체들이 주요 거버넌스 안건의 결정을 좌우하는 사례가 자주 관찰되었다. 대표적으로 이더리움 생태계의 주요 디파이 프로토콜인 유니스왑Uniswap의 31번 거버넌스 제안 사례를 들 수 있다. 한 이용자가 바이낸스 거래소의 BNB 체인에 유니스왑 V3를 배포하자고 제안했을 때, 전체 정족수의 약 37.5%에 해당하는 1,500만 UNI 토큰의 투표력을 보유한 a16z가 반대표를 행사하여 해당 안건이 일시적으로 기각될 위기에 처했다. 결과적으로 약 66%의 찬성으로 제안이 통과되었으나, 이 사건은 탈중앙화 거버넌스의 금권정치 가능성에 대한 우려를 불러일으켰다.

• 중립적이지 않은 안건

블록체인의 탈중앙화는 다양한 참여자들이 쉽게 진입할 수 있는 환경과 밀접한 관련이 있으며, 프로토콜은 모든 참여자가 준수해야 하는 통신 규약을 정의한다. 따라서 블록체인은 '탈중앙화된 프로토콜'로서 '다양한 참여자들이 쉽게 참여할 수 있는 환경의 불변하는 규칙들의 집합'이라고 정의할 수 있다.

이러한 정의가 성립하기 위해서는 각 규칙이 편향되지 않고 중립적이어야 한다. 안건이 특정 주체에게 유리하게 편향되어 다수의 이익을 공정하게 보장하지 못한다면, 혜택을 받는 특정 참여자들만이 진입하기 쉬운 환경이 조성되기 때문이다. 다음은 한 프로토콜의 거버넌스가 자신들의 이익을 위해 개인의 재산권을 침해하여 네트워크의 중립성이 훼손된 사례이다.

'주노JUNO'는 코스모스 생태계의 앱체인 중 하나로, 상호 운용이 가능한 스마트 컨트랙트 배포를 위한 샌드박스 환경을 제공하는 프로토콜이다. 주노는 출시 초기에 JUNO 토큰의 인지도를 높이고 시장에 충분한 유동성을 공급하고자 ATOM 스테이커들을 대상으로 에어드랍을 실시했다.

당시 스테이커들은 스테이킹한 ATOM 토큰 1개당 JUNO 토큰 1개를 받을 수 있었으며, 지갑당 최대 수령 한도는 5만 개였다. 그러나 한 '고래' 투자자가 자신의 ATOM을 여러 지갑으로 분산하여 스테이킹함으로써, 전체 JUNO 유통량의 약 7%에 달하는 물량을 확보한 사실이 발각되었다.

당시 각 스테이커들은 스테이킹한 ATOM 토큰 1개당 JUNO 토큰 1개를 받을 수 있었는데, 지갑당 받을 수 있는 JUNO의 최대 물량은 최대 5만 개로 제한되었다. 즉, 아무리 많은 ATOM을 스테이킹해

133

도 지갑 하나당 받을 수 있는 물량은 최대 5만개였다. 그런데, '고래'라고 불리는 한 플레이어가 자신의 ATOM을 여러 개의 지갑으로 나누어 분배하고 스테이킹하여, 당시 유통 중이었던 전체 JUNO 물량의 약 7%에 해당하는 엄청난 양의 JUNO 토큰을 에어드랍받은 정황이 포착되었다.

이에 JUNO 프로토콜과 커뮤니티는 연속된 거버넌스 제안(#4, #16)을 통해 해당 고래의 자금 몰수를 제안했다. 찬성 측은 고래가 JUNO 프로토콜의 의도를 벗어나 토큰을 취득했으며, 이는 생태계의 탈중앙성을 저해할 수 있다고 주장했다. 반면 반대 측은 시스템의 허점을 이용한 것일 뿐, 책임은 시스템 설계의 결함에 있다고 반박했다. 결국 근소한 차이로 자금 몰수안이 가결되었다.

이 사건은 다수의 폭정을 보여주는 동시에 블록체인의 중립성이 심각하게 훼손된 사례로, 블록체인 커뮤니티에서 오랫동안 논란이 되었다. 개인의 재산권을 침해한 이력이 있는 네트워크에 새로운 참가자들이 신뢰를 갖고 자산을 거래할 수 있을지 의문이다. 이는 오히려 신뢰도 높은 중앙화 기관보다도 실효성이 떨어지는 시스템이 될 수 있다.

• 의결권(토큰)의 과도한 기능성 문제

PoS 패러다임이 자리 잡으면서 나타난 주목할 만한 변화 중 하나는, 기존 프로토콜 네이티브 토큰의 다양한 기능에 거버넌스 기능이 추가된 점이다. 이는 지분이 체인의 기술적 운영 권한은 물론, 방향성과 정체성을 결정하는 권한까지 포함하게 되었음을 의미한다. 따라서 토큰 보유자들은 생태계의 참여자이자 의사결정 주체로서 네트워크 발전에 기여해야 할 책임을 지게 되었다.

이러한 변화로 인해, 거버넌스 참여 의지가 없는 개발자나 검증인, 또는 네트워크에 대한 전문 지식이 부족한 일반 이용자들까지 거버넌스에 쉽게 노출되는 상황이 발생하고 있다. 이는 의사 정족수 미달로 인한 안건 처리의 어려움이나, 맥락을 제대로 이해하지 못한 투표 진행이라는 문제를 초래할 수 있다.

이러한 문제를 해결하기 위해서는 프로토콜에 필요한 거버넌스의 범위를 명확히 정의하고, 개별 안건을 정확하게 판단할 수 있는 주체들만이 참여하는 전용 토큰이나 그에 준하는 제도적 장치의 도입을 고려해볼 필요가 있다.

• 경직된 투표 매개변수의 한계

경제학자이자 정치 이론가인 케네스 조셉 애로우Kenneth Joseph Arrow는 합리적인 사회적 의사결정 체계가 갖춰야 할 다섯 가지 원칙을 정의했다. 그는 세 가지 이상의 대안이 존재하는 안건에 대해 이 다섯 가지 원칙을 모두 만족하면서도 모든 구성원이 수용할 수 있는 최적의 해결책은 보장되기 어렵다는 '애로우의 불가능성 정리'를 제시했다.

이 다섯 가지 원칙은 다음과 같다 :

1. 완비성 : 모든 대안은 상호 비교가 가능해야 한다.
2. 이행성 : 대안들 간의 선호도 비교는 일관성을 가져야 한다(예 : A>B이고 B>C이면 반드시 A>C이다).
3. 무관 대안 독립성 : 특정 대안들의 비교는 그 외의 무관한 요인에 영향받지 않아야 한다.
4. 파레토 원칙 : 모든 참여자가 선호하는 대안은 전체 공동체의 선택이

되어야 한다.

5. 비독재성 : 어느 한 참여자의 선택이 다른 참여자들의 의견을 무시한 채 결정되어서는 안 된다.

이는 공동체 의사결정 체계에서 사회적 자본을 최적화하는 사회후생함수를 정의하는 것이 현실적으로 불가능할 수 있으며, 효율성과 형평성 사이의 상충 관계를 인정해야 함을 의미한다. 달리 말하면, 공동체는 해당 안건을 비합리적·비민주적으로 해결하거나, 앞서 언급한 다섯 가지 원칙 중 일부를 타협하면서 민주적 요소를 최대한 보완해 나가는 방안을 선택할 수 있다.

현재 온체인 거버넌스 구조는 다음과 같은 한계를 보인다 :

1. 이분법적 투표 방식

단순 찬반 투표만 제공하여 참여자들의 다양한 의견을 충분히 반영하지 못하고, 안건 개선의 여지를 차단한다.[9]

2. 획일적인 정족수와 의사결정 기한

각 안건의 특수성과 시급성을 고려하지 않은 채 동일한 기준을 적용하여, 효과적이고 시의적절한 의사결정을 저해한다.

3. 낮은 진입 장벽과 지분 비례 투표권

프로토콜에 대한 이해도와 무관하게 지분만으로 투표권을 행사할

---

9   일부 프로토콜에서는 정족수에 반영되지 않는 기권(ABSTAIN)과 패널티가 적용되는 강한 거부권("NO WITH VETO") 등의 옵션이 있다. 그러나 기권의 경우 참여자의 의견이 반영되기 어려워 프로토콜 개선에 실질적 도움이 되지 않는다. 강한 거부권은 거버넌스 안건의 품질 향상에는 기여할 수 있으나, 건설적인 토의를 이끌어내는 데에는 한계가 있다.

수 있어, 중요 안건에서 거버넌스 공격에 취약하다.

4. 과도한 개방성과 투표 변경의 용이성

투표 기한 직전의 여론 변화나 악의적 조작이 가능하여 의사결정의 안정성을 해칠 수 있다.

5. 언어적 제약

영어나 특정 언어 중심의 소통으로 인해 다양한 지역의 참여자들이 효과적으로 참여하기 어렵다.

이러한 문제들은 블록체인 거버넌스에만 국한되지 않으며, 많은 프로토콜이 이미 오프체인 거버넌스를 병행하여 이를 보완하고 있다. 중요한 것은 거버넌스의 근본 목적이 프로토콜의 비전 실현에 있다는 점이다. 따라서 탈중앙성이나 투명성과 같은 블록체인의 특성에 지나치게 구속될 필요 없이, 이러한 한계를 인식하고 거버넌스의 본질을 살리면서 블록체인의 특성을 효과적으로 활용하는 공통 거버넌스 프레임워크를 발전시켜 나가야 할 것이다.

거버넌스의 지속적 실험

• 다양한 방법론의 등장

블록체인 업계는 앞서 논의된 한계점들을 인식하고 이를 개선하기 위한 다양한 시도를 진행해 왔다. 이더리움의 창시자 비탈릭 부테린은 자신의 블로그를 통해 탈중앙화된 거버넌스의 필요성을 강조하며 여러 해결책을 제시했다.[10] 이 외에도 새로운 거버넌스 표준이 도입되고, 다양한 주체들이 참신한 방법론을 제안하며 프로토콜 거버넌스의 개선을 위해 노력해 왔다.

• 거버넌스의 절차, 범위, 참여 주체의 권한 사전 정의

프로토콜 거버넌스는 참여자들과 함께 각 프로토콜의 방향성을 결정하는 공간이다. 그러나 탈중앙성을 단순히 참여자 수와 같은 물리적 분산으로만 해석하여, 체계나 지침 없이 커뮤니티 전체에 거버넌스를 맡긴다면 프로토콜이 본래의 사명과 맞지 않는 방향으로 발전하거나 중립성이 훼손될 우려가 있다. 따라서 네트워크 운영과 관련된 중요한 거버넌스 사안이나 전체적인 거버넌스 체계를 구성할 때는 프로토콜을 가장 잘 이해하는 핵심 팀이 선제적으로 방향을 설정하는 것이 바람직할 수 있다.

다오다오DAODAO, 에브모스EVMOS, 옵티미즘Optimism, 포켓 네트워크Pocket Network 등의 프로토콜은 '헌법Constitution'이라는 개념을 도입하여 거버넌스의 범위를 사전에 규정하고 참여 주체들의 권리를 명시한다. 이는 국가가 사회 건설 시 최소한의 이념적 틀을 규정하는 것과 유사하다. 이러한 헌법을 통해 프로토콜의 방향성에 공감하는 구성원들이 모이면, 이들이 협력하여 프로토콜의 세부적인 방향을 설정해 나간다.

이더리움도 EIP-1과 EIP-5069 문서를 통해 거버넌스 절차와 구성원들의 역할을 상세히 기술함으로써, 새로운 참여자들이 거버넌스에 쉽게 참여할 수 있도록 안내하고 있다.

---

10 출처 : https://vitalik.ca/general/2021/08/16/voting3.html

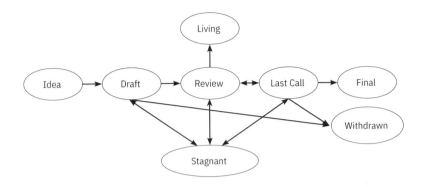

출처 : eips.ethereum.org/EIPS/eip-1

• 거버넌스 자동화 및 최소화

한편, 무분별한 안건 상정을 방지하기 위해 거버넌스의 범위를 최소화하거나 반복적인 안건은 자동화하는 방안도 있다. 코인베이스 전 공동창업자이자 패러다임의 공동창업자인 프레드 어샘Fred Ehrsam은 자신의 블로그에서 "프로토콜이 더욱 신뢰할 수 있는 중립적 방향으로 발전하는 경향이 있으므로 거버넌스 최소화가 중요하다"고 강조했다.

대표적인 예로, 디파이 대출 프로토콜인 메이커다오는 스마트 컨트랙트를 통해 대출 금리를 자동으로 조정하는 메커니즘을 구축했다. 또한 디파이 컨설팅 및 퀀트 리서치 기업인 건틀릿은 다양한 디파이 시나리오에 대한 매개변수 계산을 자동화하는 알고리즘을 도입하여, 여러 디파이 프로토콜의 거버넌스 필요성을 줄여가고 있다.

• 서브다오subDAO의 활성화와 감시 구조 채택

커뮤니티의 규모가 커질수록 구성원들이 제안하는 개별 거버넌스 안건을 선별하고 처리하는 데 드는 비용이 기하급수적으로 증가한다. 특히 거버넌스의 범위가 넓을 경우 의사결정 과정이 더욱 복잡해지고, 커뮤니티 내 논의 과정에서 혼란이 가중될 수 있다. 이에 프로토콜의 전체 의사결정 과정의 효율성과 효과성을 높이기 위해 거버넌스 범위별로 여러 다오DAO를 구성하여 운영하는 방식이 대두되고 있다. 이는 기존 재단이 독점했던 권한을 여러 서브다오로 위임함으로써 네트워크의 탈중앙화를 강화하는 효과도 기대할 수 있다.

대표적인 사례로 메이커다오는 재단을 해체하고 17개의 서브다오를 구성하여 엔지니어링, 자금 조달, 데이터, 위험 관리, 오라클, 생태계 등을 체계적으로 관리하고 있다. 이더리움의 레이어2 확장성 솔루션인 옵티미즘Optimism은 거버넌스를 총괄하는 재단 외에도 시티즌 하우스Citizen House와 토큰 하우스Token House라는 두 개의 서브다오를 운영 중이다. 토큰 하우스는 OP토큰 보유자들로 구성되

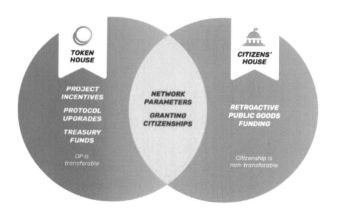

출처 : optimism.mirror.xyz/

어 공공재 프로젝트에 대한 자금 집행을 담당하며, 재단 이사 해임권과 토큰 보유자 권리 문서의 변경 거부권을 보유하고 있다. 시티즌 하우스는 투표 뱃지를 보유한 커뮤니티 기여자들로 구성되어 있으며, 과거 공공재의 유용성을 평가하고 향후 지원할 프로젝트를 추천하는 역할을 수행한다(옵티미즘은 이를 'retroactive public good funding'이라 명명한다).

또 다른 사례로 스테이킹 유동화 플랫폼 리도[Lido]는 '이중 거버넌스' 모델을 도입하여 LDO 토큰 보유자가 제안한 안건을 자산 스테이커들이 거부할 수 있도록 함으로써 거버넌스의 균형을 추구하고 있다(자세한 내용은 https://research.lido.fi/t/ldo-steth-dual-governance/2382 참조).

• 온체인 활동 기반으로 진성 유저 선별

프로토콜의 효과적인 거버넌스를 위해서는 자발적 기여도가 높은 진성 유저들을 파악하여 이들에게 거버넌스를 위임하는 방안을 고려할 수 있다. 이를 위해서는 다양한 온체인 활동과 계정 정보를 기반으로 참여자들의 정체성을 파악하는 과정이 필수적이다.

이러한 정체성 파악을 위해 두 가지 방식을 활용할 수 있다. 첫째, Sismo와 같이 온체인 데이터를 종합적으로 집계하여 계정별 평판 점수를 제공하는 솔루션을 활용하는 것이다. 둘째, POAP 등과 같은 참여 증명[Proof of Participation] 인증 배지를 활용하는 방식이다. 이때 양도가 불가능한 토큰 표준 양식인 SBT[Soul-Bound Token]가 주요 도구로 사용된다.

한편, 디파이 프로토콜의 한 종류인 커브 파이낸스[Curve Finance]는 '보팅 에스크로[Voting Escrow]' 개념을 도입했다. 이는 토큰을 예치한 기간에 비례하여 거버넌스 토큰인 ve 토큰을 더 많이 지급하는 구조다. 이러한 방식이 널리 활용되는 이유는, 자산을 장기간 예치하는 참여자들이 상당한 기회비용을 감수하면서 프로토콜에 대한 신뢰를 보여주기 때문이다. 따라서 이들에게 더 많은 투표권을 부여하는 것이 프로토콜의 장기적 성장에 도움이 될 수 있다.

- **구조적으로 거버넌스만을 위한 참여자를 분리**

앞서 언급한 바와 같이, 거버넌스 참여 자격이 있는 구성원들 중에는 실질적인 참여 의지가 없거나 필요한 전문 지식이 부족한 경우가 있다. 이러한 한계를 보완하고자 대의제 개념을 도입하여 투표권을 위임하는 다양한 제도가 운영되고 있다.

위임지분증명DPoS, Delegated Proof-of-Stake 합의 알고리즘을 채택한 프로토콜들은 효율적인 네트워크 운영을 위해 제한된 수의 검증인만 거버넌스에 참여시킨다. 대표적으로 코스모스 허브ATOM와 오스모시스OSMO 등 코스모스 SDK 기반 생태계의 앱체인들이 있다. 일반

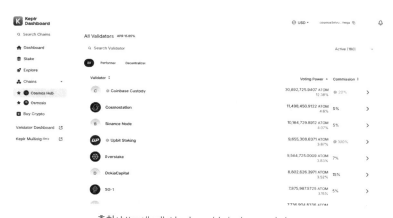

출처 : https://wallet.keplr.app/chains/cosmos-hub

토큰 보유자들은 스테이킹 수익률을 고려해 검증인을 선택하거나, 자신들의 이익을 대변할 수 있는 검증인에게 지분을 위임한다. 유니스왑이나 메이커다오 같은 체인 외 디파이 프로토콜에서는 토큰 보유자가 자신의 의견을 더 잘 대변할 수 있는 개인에게 직접 투표권을 위임할 수 있다. 위임받은 주체가 악의적으로 행동하거나 위임자의 의견을 제대로 반영하지 못할 경우, 위임자는 언제든 위임 대상을 변경할 수 있다.

이 외에도 앱토스Aptos처럼 체인 단계에서 검증인과 투표인Voter을 분리하는 모듈을 구현하거나, 스트라이드Stride처럼 거버너Governor라는 역할을 신설하여 거버넌스 토큰을 위임받고 수수료를 취하되 투표만을 전담하게 하는 모델도 있다.

• 1토큰-1투표권 이외의 투표력 매커니즘

온체인 거버넌스를 보완하기 위한 여러 해결책 중에서 가장 활발히 논의되어 온 주제는 '1토큰-1투표권' 방식이다. 거버넌스의 최종 결정이 투표권에 의해 좌우되기 때문이다. 토큰에 거버넌스 권한을 유지하면서 1토큰-1투표권 구조를 개선하는 방안은 크게 두 가지다. 현실 세계처럼 1인-1투표권으로 제한하거나, 토큰당 투표력을 낮추는 방식이다.

첫 번째 방안은 KYCKnow Your Customer 또는 이에 상응하는 개인 증명 시스템Proof of Personhood Systems을 도입하여 개인을 식별하는 것이다. 두 번째 방안의 대표적 사례로는 쿼드래틱 보팅Quadratic Voting이 있다. 이는 1토큰당 투표력이 토큰 수의 제곱근에 비례하도록 설계한 투표 체계다. 예를 들어, 2표를 행사하려면 4개의 토큰이 필요하다. 이 방식은 다량의 토큰 보유자의 영향력을 제한하면서도 개별 안건에 대한 선호도를 표현할 수 있게 한다. 다만, 금권 정치의 위험을 근본적으로 해소하지는 못한다.

이 외에도 다양한 방법론이 연구·제안되고 있다. 제안의 결과를 예측하여 찬반에 베팅하는 퓨터키Futarchy, 영지식 증명Zero-Knowledge Proof을 활용한 익명 투표 등이 그 예다.

이처럼 거버넌스 방법론이 다양화될수록 각 프로토콜은 자신에게 가장 적합한 선택지를 고민하여 거버넌스 체계의 한계를 보완할 수 있을 것이다. 다만, 블록체인의 특수성에 지나치게 얽매일 필요는 없다. 거버넌스의 본질을 간과한 채 기술적 구현에만 집착하는 주객전도는 경계해야 한다.

• 비용효율적인 실험의 장

역사를 살펴보면, 새로운 기술이 도입될 때마다 우리의 삶은 대체로 더욱 편리하고 풍요로워졌다. 이에 따라 우리는 새로운 기술이 등장할 때마다 미래의 삶이 어떻게 변할지에 대한 청사진을 그려보곤 한다. 그런데 블록체인은 기존 기술들과는 사뭇 다른 양상을 보인다. 오히려 편의성 측면에서는 기존 기술보다 불편하며, 제시하는 가치 또한 추상적이다.

하지만 블록체인은 기존 기술과는 다른 측면에서 혁신을 주도한다. 가장 두드러진 점은 블록체인이 기술에 대한 사람들의 인식을 근본적으로 바꾸었다는 것이다. 블록체인을 접한 이들 중 상당수가 이제는 기술이 가져오는 '편의성'을 절대적 가치로 여기지 않는다. 대신 그들은 중앙화된 기존 시장 구조의 비효율을 어떻게 제거하고 적극적으로 가치를 창출할 수 있을지 고민하며, 점차 '창조적이고 능동적인 행위자'로 거듭나고 있다. 이는 블록체인의 철학이 인간의 행동을 변화시키는 힘을 지녔음을 보여주는 증거라 할 수 있다.

현재 관찰할 수 있는 다양한 블록체인 생태계의 거버넌스 시스템은 이러한 철학을 실제로 관찰할 수 있는 공간이다. 물론 탈중앙화된 거버넌스 시스템이 적절히 구현된 프로토콜은 아직 거의 존재하지 않는다. 더욱이 업계의 많은 사람이 블록체인을 단순히 기술적 관점의 탈중앙화 시스템으로만 인식하고 있으며, 거버넌스 측면까지 논의를 확장하는 경우는 드물다. 같은 맥락에서 현재 업계가 주목하는 트릴레마, 모듈성, 상호 운용성 등의 문제는 블록체인의 본질을 깊이 있게 다루지 못하고 있다.

그러나 이는 달리 말하면 탈중앙화된 거버넌스의 잠재력이 여전히 크다는 의미이기도 하다. 블록체인 기반의 DAO와 DApp, 그리고 웹3 등 새로운 개념이 부상하면서 거버넌스의 중요성에 대한 논의는 더욱 확대되고 있다. 또한 탈중앙화 거버넌스를 실현하기 위한 다양한 방법론이 제시되면서, 블록체인 커뮤니티들은 이를 실험하고 서로의 사례를 교훈 삼아 발전하고 있다.

역사적으로 민주화는 수백 년에 걸쳐 서서히 이루어져 왔다. 따라서 블록체인의 거버넌스 역시 점진적 발전을 기대하는 것이 현실적이다. 거버넌스의 본질을 지키면서도 블록체인의 특성을 최대한 활용할 수 있는 프로토콜 거버넌스 프레임워크를 꾸준히 발전시켜 나간다면, 블록체인은 신뢰 비용을 낮출 수 있는 거버넌스의 모범 사례가 될 수 있을 것이다. 설령 블록체인이 널리 채택되지 않더라도, 블록체인 커뮤니티 내에서 발전된 경제와 문화, 그리고 거버넌스의 기록은 현실 사회에 의미 있는 교훈을 제시하는 실험의 장으로서 가치를 지닐 것이다.

145

규제와의 충돌? 협력?

블록체인 거버넌스는 네트워크 참여자들 간의 탈중앙화된 합의에 근거하여 시스템을 운영하고 발전 방향을 결정한다. 이는 기존의 중앙화 조직과 달리 법인이나 특정 주체가 아닌, 프로토콜 자체가 핵심 권한을 갖는 형태를 지향한다. 그러나 금융·데이터 등 다양한 사회 영역과 밀접하게 맞닿아 있는 블록체인 산업 특성상, 법적·제도적 규제와 충돌하거나 협업해야 하는 상황이 빈번하게 발생한다.

특히 금융당국과의 관계에서, 블록체인의 탈중앙적 의사결정 구조와 '무신뢰 기반' 경제 모델은 규제기관 입장에서 낯설고 불확실하게 비칠 수 있다.

예를 들어, 국가가 AML^{자금세탁방지}나 증권성 판단 등 전통 금융법 체계를 엄격히 적용하려고 할 때, 블록체인 프로젝트 측은 네트워크가 특정 중앙 주체 없이 운영된다는 이유로 책임 소재를 분명히 하기 어려워 갈등이 커질 수 있다.

반면, 거래 기록의 투명성·불가역성 등 블록체인 특성은 회계·감사·추적 측면에서 여러 규제기관의 기대에 부합하기도 한다. 이처럼 규제와 협력이 이뤄질 여지도 충분히 존재한다.

한편 거버넌스와 규제의 접점에서는 아래와 같은 논의들이 이어진다.

1. **네트워크 운영 주체**가 누구인가?

   퍼블릭 블록체인일수록 공식적인 '대표'가 없어, 정부·기관이 법적 의무를 부과하기 애매한 경우가 많다. 이에 대해 규제기관은 '프로토콜 기여자나 토큰 보유자에게 일정 책임을 부과할 수 있는가'라는 관점에서 해석을 시도하고 있다.

2. 프로토콜 업그레이드(하드포크)와 규제

탈중앙 거버넌스는 네트워크 참여자 투표나 합의에 따라
프로토콜 변경(포크)을 자유롭게 진행한다. 만약 규제기관이 특정
프로토콜 변경(예 : 프라이버시 강화, 토큰 소각 등)을 금지하거나
의무화한다면, 참여자 다수가 이에 동의하지 않는 경우에도 과연
이를 수용해야 하는지, 아니면 '또 다른 체인'을 만들어 독립해야
하는지 딜레마가 생긴다.

3. 스토어블록–스타트업 등 산업 플레이어의 입장

규제 공백 상태였던 초기와 달리, 정부 허가(라이선스) 혹은 자금
조달 법적 요건이 신설되면서 기업과 프로젝트는 제도권 편입과
탈중앙 지향을 동시에 고민해야 한다. 이 과정에서 "코드가
법이다 Code is law"라는 탈중앙 이념과 '현행법이 우선한다'는 정부
입장이 충돌하기도 하고, 때로는 중간 지점을 찾기도 한다.

이처럼 블록체인 거버넌스와 각국 법·제도가 만나면서 발생하는
규제 이슈는, 블록체인의 미래 지향점과 사회적 수용 가능성을 크
게 좌우한다. 단순 대립만 있는 것이 아니라, 투명성 강화, 거래 정보
표준화 등 영역에서 협력의 가능성도 존재한다. 동시에 특정 노드
(거래소·개발사)에 대한 규제가 네트워크 전반의 탈중앙성·무신뢰
성을 훼손할 우려도 크기 때문에, 거버넌스 차원의 자발적 대응이
중요하다.

다음 장에서는 이러한 블록체인 규제 환경을 보다 심도 있게 살

펴볼 것이다. 거버넌스와 규제가 어떤 방식으로 충돌하고, 어디에서 협력점을 찾는지 구체적 사례를 통해 살펴보면서, 블록체인이 각국 제도권 안에서 어떻게 제도화·성장할 수 있을지 논의해 보자.

5장

규제

: 혁명의 과도기 보완책

블록체인의 무신뢰 vs 정부·제도

• 블록체인의 무신뢰성 : 기술과 거버넌스

블록체인은 합의를 이루고 데이터를 공유하는 기술로서, 초국가적 사회에서도 단일한 합의를 가능하게 하는 실마리를 제공한다. 그러나 현재는 기술적 완성도와 제공 가치가 미흡하며, 확장성·보안성·탈중앙화의 개선과 함께 DAO 등 온체인 합의 실험이 진행 중이다. 다만 제도권에서 블록체인을 어떻게 수용할지 결정하는 규제가 핵심 쟁점으로 남아 있다.

암호화폐 시장에서는 규제에 대한 견해가 엇갈린다. 탈규제론자들은 자유 침해를 우려하는 반면, 규제를 통한 제도화가 대중적 채택으로 이어질 수 있다고 보는 이들도 있다. 이러한 대립을 이해하려면 블록체인과 암호화폐의 시발점인 사이퍼펑크 운동을 살펴볼 필요가 있다.

• 블록체인의 이데올로기 : 사이퍼펑크 운동

Cypherpunk [1] : 정보화 기술로부터 개인을 지키자

1993년 3월 9일, 에릭 휴즈가 발표한 '사이퍼펑크 선언'으로 본격화된 사이퍼펑크 운동은 정보의 자유와 개인의 프라이버시 보호를 핵심 가치로 삼았다. 닉 자보, 데이비드 차움, 사토시 나카모토와 같은 저명한 프로그래머부터 데이비드 프리드먼 같은 경제학자까지, 다양한 분야의 운동가들이 참여했다. 이들은 중앙집권적 권력과 제도

---

1   Cyberpunk vs Cypherpunk : 착각하지 말자, 사이버펑크(Cyberpunk)는 인공지능, 사이보그, 거대 조직에 저항하는 해커 등을 소재로 하는 SF 소설의 한 장르다.

로부터 컴퓨터와 암호학을 활용해 개인의 프라이버시를 보호하고자 했다.

이들 덕분에 인류는 인터넷과 컴퓨터의 발달로 거대화되고 중앙집중화된 권력으로부터 개인을 보호할 수 있는 암호학을 발전시켰다. 이는 블록스트림Blockstream, 해시캐시HashCache, 디지캐시DigiCash, SSL Secure Socket Layer 등 현대의 주요 암호학 기반 거래·통신 기술 발전에 큰 영향을 미쳤다.

사이퍼펑크 운동가들은 정부나 중앙화된 거대 집단의 검열을 피하고자 PGP Pretty Good Privacy[2] 암호화 프로토콜을 직접 개발하여 사이퍼펑크 메일링 리스트를 운영했다. 나아가 전용 사설망DPL: Dedicated Private Line을 사용했을 뿐 아니라, 일부는 신용 거래나 담보 대출 같은 현대 금융 시스템으로부터 자발적으로 고립을 선택했다. 이처럼 불편을 감수하면서 철저한 고립을 택한 이유는 인터넷이라는 되돌릴 수 없는 인프라의 발전과 함께 강화된 정부의 정보 수집 능력에 흔적을 남기지 않기 위해서였다. 이들은 개인의 프라이버시와 검열 저항성이라는 가치를 추구하는 데 상당한 비용과 책임이 따른다는 점을 누구보다 잘 이해하고 있었다.

---

2   PGP(Pretty Good Privacy): 1991년 프로그래머 필 짐머만(Phil Zimmermann)이 개발한 전자우편 암호화 소프트웨어다. PGP 공개 이전까지 암호화 소프트웨어는 정부, 군대, 정보기관의 전유물로 여겨졌으나, 짐머만의 적극적인 소프트웨어 오픈소스화로 일반인도 암호화 기술을 사용할 수 있게 되었다. 이후 미국 정부와 NSA는 PGP의 강력한 암호화 기능이 테러리스트를 도울 수 있다는 이유로 짐머만을 군수물자 통제법 위반 혐의로 조사했으나, 결국 고소를 취하했다.

RAW HEX VERSION

BITCOIN GENESIS BLOCK

```
00000000   01 00 00 00 00 00 00 00  00 00 00 00 00 00 00 00   ................
00000010   00 00 00 00 00 00 00 00  00 00 00 00 00 00 00 00   ................
00000020   00 00 00 00 3B A3 ED FD  7A 7B 12 B2 7A C7 2C 3E   ....;£íýz{.²zÇ,>
00000030   67 76 8F 61 7F C8 1B C3  88 8A 51 32 3A 9F B8 AA   gv.a.È.Ã.ŠQ2:Ÿ.ª
00000040   4B 1E 5E 4A 29 AB 5F 49  FF FF 00 1D 1D AC 2B 7C   K.^J)«_Iÿÿ...¬+|
00000050   01 01 00 00 00 01 00 00  00 00 00 00 00 00 00 00   ................
00000060   00 00 00 00 00 00 00 00  00 00 00 00 00 00 00 00   ................
00000070   00 00 00 00 00 FF FF  FF FF 4D 04 FF FF 00 1D   .....ÿÿÿÿM.ÿÿ..
00000080   01 04 45 54 68 65 20 54  69 6D 65 73 20 30 33 2F   ..EThe Times 03/
00000090   4A 61 6E 2F 32 30 30 39  20 43 68 61 6E 63 65 6C   Jan/2009 Chancel
000000A0   6C 6F 72 20 6F 6E 20 62  72 69 6E 6B 20 6F 66 20   lor on brink of
000000B0   73 65 63 6F 6E 64 20 62  61 69 6C 6F 75 74 20 66   second bailout f
000000C0   6F 72 20 62 61 6E 6B 73  FF FF FF FF 01 00 F2 05   or banksÿÿÿÿ..ò.
000000D0   2A 01 00 00 00 43 41 04  67 8A FD B0 FE 55 48 27   *....CA.gŠý°þUH'
000000E0   19 67 F1 A6 71 30 B7 10  5C D6 A8 28 E0 39 09 A6   .gñ¦q0·.\Ö¨(à9.¦
000000F0   79 62 E0 EA 1F 61 DE B6  49 F6 BC 3F 4C EF 38 C4   ybàê.aÞ¶Iö¼?Lï8Ä
00000100   F3 55 04 E5 1E C1 12 DE  5C 38 4D F7 BA 0B 8D 57   óU.å.Á.Þ\8M÷º..W
00000110   8A 4C 70 2B 6B F1 1D 5F  AC 00 00 00 00           ŠLp+kñ._¬....
```

비트코인의 제네시스 블록

"The Times 03/Jan/2009 Chancellor on brink of second bailout for banks"라는
구제 금융에 관한 문구가 새겨져 있다.

행동 강령에 불과했던 사이퍼펑크 운동은 2008년 금융 위기를 계기로 새로운 전환점을 맞이했다. 구제 금융Bailout[3]과 기존 금융 시스템에 대한 불신을 동력 삼아, 사이퍼펑크 운동가 사토시 나카모토가 비트코인을 탄생시켰고, 이는 이후 다양한 블록체인의 근간이 되었다.

블록체인, 자유와 책임이 공존하는 기술

블록체인 기술과 프로젝트는 사이퍼펑크 운동가들의 신념을 토대로 발전해왔다. 사토시 나카모토를 존경하는 비탈릭 부테린이 이더

3   미국 연방준비제도(연준)는 2007-8년 서브프라임 모기지 미상환 사태로 인한 금융 위기 때, 금융 시스템의 붕괴를 막고자 부실자산구제프로그램(TARP : Troubled Asset Relief Program)을 시행했다. 이를 통해 7,000억 달러 규모의 구제 금융을 700여 개 금융 기관에 지원했다.

리움을 개발했고, 이후 등장한 스마트 컨트랙트 플랫폼들도 이더리움을 모태로 삼았다. 사이퍼펑크 정신을 근간으로 하는 블록체인은 본질적으로 불편함을 내포한다. 계정 추상화Account Abstract나 체인 추상화Chain Abstraction 같은 혁신적 시도에도 불구하고, 2025년의 블록체인 역시 사용자 편의성 측면에서 한계를 보일 것으로 예상된다.

온보딩 된 사용자가 겪게 될 어려움을 살펴보자. 사용자는 개인정보와 프라이빗 키를 포함한 블록체인 자산의 암호화에 사용되는 모든 핵심 데이터를 직접 관리해야 한다. 또한 자금 전송 시 상대방의 계정 정보를 16진수로 정확히 입력해야 하며, 자신의 계정 복구를 위해 16개의 영문 단어로 구성된 비밀키를 안전하게 보관해야 한다.

개인 자산의 자체 보관과 관리, 즉 '셀프 커스터디self custody'는 큰 책임이 따르는 일이다. 많은 사람이 이러한 책임을 감당하기 어려워하는데, 특히 지갑의 프라이빗 키 관리가 대표적인 예시다. 프라이빗 키는 암호화폐의 보유와 사용 권한을 증명하는 수단으로, 한 번 분실하면 해당 계정의 소유권을 영구히 상실하게 된다.

셀프 커스터디 외에도 실제 자산의 활용은 매우 까다롭다. 금융 거래용 컨트랙트contract와의 상호작용을 위해서는 코드 검증 절차가 필수적이다. 또한 프라이빗 키로 서명하는 컨트랙트의 서명 요청과 실행 체인을 지속적으로 확인해야 한다. 멀티체인으로 분절된 사용자 경험과 해커들의 위협은 이러한 과정을 더욱 어렵게 만든다. 블록체인 생태계에서는 중앙화된 기관을 통해 얻을 수 있었던 각종 편의성과 책임 위임이 존재하지 않는다. 이러한 이유로, 현대의 중앙화된 금융·인증 인프라에 익숙해진 대다수 사용자들은 자유와 데이터 주권 확보라는 가치만으로는 블록체인 인프라를 쉽게 수용

A Cypherpunk's Manifesto

by Eric Hughes

Privacy is necessary for an open society in the electronic age. Privacy is not secrecy. A private matter is something one doesn't want the whole world to know, but a secret matter is something one doesn't want anybody to know. Privacy is the power to selectively reveal oneself to the world.

If two parties have some sort of dealings, then each has a memory of their interaction. Each party can speak about their own memory of this; how could anyone prevent it? One could pass laws against it, but the freedom of speech, even more than privacy, is fundamental to an open society; we seek not to restrict any speech at all. If many parties speak together in the same forum, each can speak to all the others and aggregate together knowledge about individuals and other parties. The power of electronic communications has enabled such group speech, and it will not go away merely because we might want it to.

Since we desire privacy, we must ensure that each party to a transaction have knowledge only of that which is directly necessary for that transaction. Since any information can be spoken of, we must ensure that we reveal as little as possible. In most cases personal identity is not salient. When I purchase a magazine at a store and hand cash to the clerk, there is no need to know who I am. When I ask my electronic mail provider to send and receive messages, my provider need not know to whom I am speaking or what I am saying or what others are saying to me; my provider only need know how to get the message there and how much I owe them in fees. When my identity is revealed by the underlying mechanism of the transaction, I have no privacy. I cannot here selectively reveal myself; I must always reveal myself.

Therefore, privacy in an open society requires anonymous transaction systems. Until now, cash has been the primary such system. An anonymous transaction system is not a secret transaction system. An anonymous system empowers individuals to reveal their identity when desired and only when desired; this is the essence of privacy.

Privacy in an open society also requires cryptography. If I say something, I want it heard only by those for whom I intend it. If the content of my speech is available to the world, I have no privacy. To encrypt is to indicate the desire for privacy, and to encrypt with weak cryptography is to indicate not too much desire for privacy. Furthermore, to reveal one's identity with assurance when the default is anonymity requires the cryptographic signature.

We cannot expect governments, corporations, or other large, faceless organizations to grant us privacy out of their beneficence. It is to their advantage to speak of us, and we should expect that they will speak. To try to prevent their speech is to fight against the realities of information. Information does not just want to be free, it longs to be free. Information expands to fill the available storage space. Information is Rumor's younger, stronger cousin; Information is fleeter of foot, has more eyes, knows more, and understands less than Rumor.

에릭 휴즈가 제안했던 사이퍼펑크 선언

출처 : www.activism.net

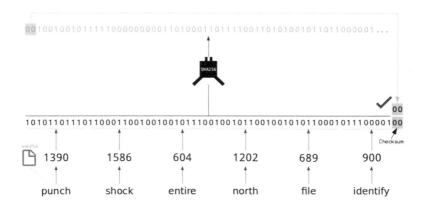

BIP - 39에서 기술된 비밀키의 Mnemonic phrase 변환 과정

출처 : learnmeabitcoin.com

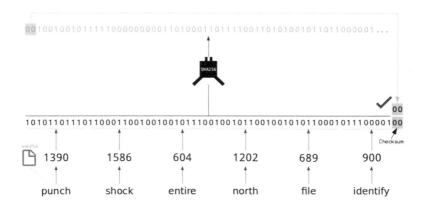

155

하기 어려운 실정이다.

블록체인 : 완성되지 않은 합의 시스템

블록체인이 지향하는 탈중앙화 거버넌스를 비롯한 '비계층적 조직 체계'는 아직 개선의 여지가 많다. 인터넷이 발달한 이후 초국가적이고 비계층적인 조직 체계가 자리 잡기 시작한 기간은 30년이 채되지 않았으며, 앞서 설명한 DAO나 프로토콜 거버넌스의 등장 역시 불과 10년 전의 일이다.

1789년 프랑스 대혁명과 같은 역사적 사건들이 시대의 요구에 따라 인류의 의사결정 구조를 발전시켜 왔듯이, 인간 사회의 의사결정 체계는 선사 시대의 족장 조직 Tribe Organization, ~3000 BCE 부터 현대의 애자일 조직에 이르기까지 꾸준히 진화해 왔다. 이는 오랜 시간 검증된 안정적인 합의 구조라 할 수 있다. 반면 블록체인을 통한 의사결정은 해킹, 시스템 및 거버넌스 공격, 인센티브 모델의 실패 등으로 인해 여전히 불안정성을 내포하고 있다. 이러한 상황에서 사용자들은 블록체인 생태계에서의 상호작용을 하나의 거대한 사회적 합의 장치를 구축하는 실험으로 인식하고 접근해야 한다.

• 미완성 무신뢰 프레임워크의 피해 양상

양적 완화와 함께 크립토에 몰린 유동성

코로나19 이후 양적 완화로 시중 유동성이 폭증하자, 투자자들은 고수익을 좇아 암호화폐 시장으로 몰려들었다. 금융 인프라인 디파이DeFi는 결합성을 바탕으로 유입 자금의 레버리지를 극대화하는 자본 순환 구조DeFi Flywheel를 통해 이 유동성을 증폭시켰다.

실제로 연준의 2021년 3월 양적 완화 결정 이후부터 11월 테

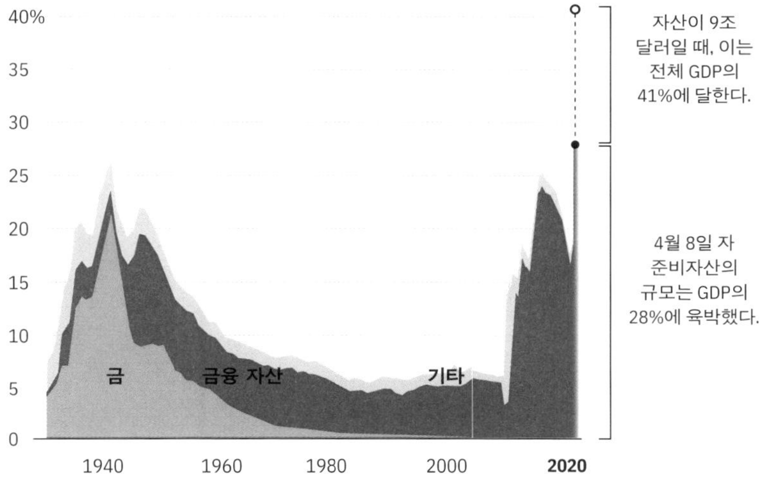
40%
35
30
25
20
15
10
5
0
1940
1960
1980
2000
2020
금
금융 자산
기타
자산이 9조 달러일 때, 이는 전체 GDP의 41%에 달한다.
4월 8일 자 준비자산의 규모는 GDP의 28%에 육박했다.

미국 연방준비제도 준비자산의 GDP 대비 비율

* 코로나19 대응 양적 완화 정책 : 미 연방준비제도(연준)는 코로나 지원금 5.2조 달러를 책정하며 전체 통화량의 27%에 달하는 기금을 조성했다. 여기에 4.5조 달러의 양적 완화와 2조 달러의 인프라 지출 계획이 더해져, 총 13조 달러의 신규 자금이 시장에 유입되었다. 이는 유통 화폐량을 35% 증가시켰고 국내총생산(GDP)의 60%에 해당하는 규모였으며, 미국이 치른 13개 전쟁의 총비용인 10조 달러를 상회하는 수준이었다.

** 디파이 레버리지 순환 구조 : 담보 기반 스마트 계약과 디파이의 결합성을 활용해 초기 자본의 수십 배에 달하는 자금을 운용하는 방식이다. 이른바 '풍차 돌리기'로도 불리는 이 구조는 시장이 하락할 때 문제가 된다. 담보물 가치가 하락하면 스마트 계약의 연쇄 청산이 발생해 시장 변동성을 증폭시키기 때문이다.

이퍼링 결정까지, 암호화폐 시장의 시가총액은 2,510억 달러에서 2.9조 달러로 11배 증가했다(코인게코 제공). 같은 기간 나스닥과 S&P 500의 시가총액이 각각 1.75배, 2배 증가한 것과 비교하면, 암호화폐 시장이 양적 완화 이후 가장 급성장한 분야 중 하나였음을 알 수 있다.

그러나 블록체인은 본질적으로 인프라 기술이다. 인프라 구축

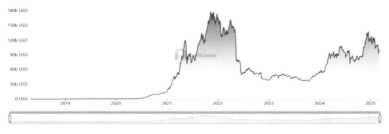

20년 3월부터 21년 11월, 파티가 종료되기 전까지 디파이 TVL 추이

출처 : DeFiLlama

에는 상당한 시간이 필요하지만, 당시의 투자·투기 열풍은 블록체인의 근본 가치보다 단기 유동성 공급과 자본 효율성에만 집중됐다. 결과적으로 미완성 인프라와 높은 변동성이 겹치면서 웜홀, 로닌 브릿지 해킹 등 보안 사고가 잇따랐다.

　크립토 시장에선 누가 발가벗고 수영하고 있었는가?

2021년 11월, 연방준비제도가 양적 완화를 축소하는 테이퍼링을 시장에 공표하면서 기업들은 자체 역량을 입증해야 하는 상황에 직면했다. 연준의 긴축 정책 전환 이후, 과도한 레버리지와 도덕적 해이가 수면 위로 떠올랐다. 2022년 5월 루나·UST의 폭락(시가총액 40조 원 증발)을 시작으로 셀시우스, FTX, 제네시스Genesis와 디지털 파이낸스 그룹Digital Finance Group, 실리콘밸리은행SVB 파산에 이르기까지, 업계 주요 기업들의 채무불이행과 부실이 연쇄적으로 발생했다. 블록체인 산업은 금융 인프라 또는 무신뢰 기반 정산 체계로 발전하기도 전에, 투기와 사기가 만연한 또 하나의 버블 경제 사례로 인식되고 말았다.

　손실을 입은 투자자들은 피해 보전을 위해 정부나 책임기관에

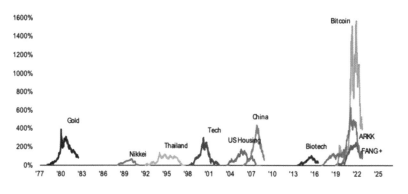

다른 금융 버블과 비교한 암호화폐 버블의 변동성

출처 : Fortune

호소했고, 각국은 추가 피해 방지를 위해 규제에 나섰다. 검열·규제에 반대하던 블록체인은 아이러니하게도 이젠 제도권 규제 대상이 되어 가고 있다.

● 전 세계 규제 흐름과 주요 쟁점

이상 : 책임 소재에 대한 개인의 인식 개선

모든 사람이 무정부 자본주의자가 되어 사이퍼펑크 운동가처럼 블록체인을 이용한다면 어떨까? 블록체인은 전통 금융과 달리, 한 번 잘못된 거래나 행동을 하면 그에 따른 손실을 되돌릴 수 없다. 또한 익명성을 기반으로 하여 신원 인증이 어렵기 때문에 거래 상대방·Counterparty을 알지 못한 채 거래가 이루어진다. 개인이 블록체인을 사용하면서 자신의 행동과 그 결과에 대한 책임을 완전히 이해하고 인식한다면, 이는 블록체인의 본래 탄생 취지에 가장 부합하는 접근 방식일 것이다.

현실 : 규제의 필요성과 타협점 모색

그러나 모든 책임을 투자자나 이용자에게 전가하는 것은 블록체인이 나아가야 할 바람직한 방향이 아니다. 과거에는 사이퍼펑크 운동에서 비롯된 프라이버시 보호와 절대적 자유의 보장이 블록체인의 주된 목적이었으나, 현재는 신뢰 비용 감소, 즉 중개자 비용 절감이 주는 실질적 효용이 핵심 가치로 부상하고 있다. 이에 따라 대중의 사용성 개선을 위해 확장성과 사용자 경험User Experience이 강조되며, 규제와 질서 도입의 필요성이 대두되고 있다.

이어서 블록체인의 자율화 과정에서 정립이 필요한 구체적 안건들을 살펴보고, 실제 사례를 바탕으로 투자자, 개발자, 정부 기관의 향후 방향성을 기술적·법적 관점에서 검토하고자 한다.

규제 : 블록체인의 올바른 활용을 위한 지침

화약이나 원자력과 같은 과학 기술 자체가 규제나 가치 판단의 대상이 아닌 것처럼, 블록체인 기술 역시 가치 중립적이다. 다만 TNT나 원자폭탄처럼 활용 방향에 따라 위험한 도구가 될 수 있으므로, 그 활용에 있어 규제가 필요하다.

블록체인 기술 활용에 대한 규제는 크게 두 가지 범주로 나눌 수 있다. 첫째는 '기술의 변칙성'으로, 기술의 파급력이 지나치게 커서 기존 질서와 체계에 위험이 되는 경우다. 익명성을 악용한 불법 자금 세탁이 대표적인 예시다. 둘째는 '기술에 내포된 권리와 책임에 관한 규제'다. 제3장에서 살펴본 바와 같이, 블록체인은 토큰이라는 매개체를 통해 분산 원장의 무신뢰성을 기반으로 소유권을 부여할 수 있다. 이러한 토큰 구조에서는 소유권과 배당권 같은 권리·책임 관계가 형성되어 증권성이 부여되기 쉽고, 이는 스마트 계약 당사자들 간에 새로운 책임 관계가 발생함을 의미한다.

• 블록체인 기술의 파급력 규제

블록체인 기술은 복제가 가능하고 범국가적 네트워크를 통해 이루어져 검열이 어려우며, 기계적 반복 연산으로 작은 허점도 큰 파급력을 만들어낼 수 있는 특징을 지닌다. 이러한 특성은 기존 사회 시스템에 크게 세 가지 위험을 내포한다. (1) 체인 내부의 거래 내역을 볼 수 없거나, (2) 누구나 이러한 기능을 무제한으로 복제하여 사용할 수 있거나, (3) 특정 주체가 거래 내역의 순서를 임의로 조작하여 악용할 수 있는 경우가 이에 해당한다.

　이러한 충돌 쟁점은 각각 다음과 같은 세부 규제 논의로 이어진다. (1) 익명성과 검열 문제(KYC 불가 및 검열 불가능성), (2) 오픈소스 코드의 허용 범위, (3) 특정 주체의 거래 조작 가능성인 MEV 문제가 바로 그것이다.

　어디까지 열람하고 통제할 것인가? - 검열과 익명성의 딜레마

블록체인 기술의 검열 저항성과 익명성은 비트코인의 초기 설계에서부터 핵심 가치로 자리 잡았다. 모든 거래 내역을 투명하게 공개하면서도, 누구나 SHA-256 해시 함수로 새로운 비공개 키를 발급받아 새 전자지갑을 만들 수 있어 익명성을 보장받을 수 있었다. 그러나 온체인 데이터를 분석하는 각종 도구와 체이널리시스와 같은 추적 솔루션이 등장하면서, 다양한 정황 증거를 결합하면 운용 주체를 특정할 수 있게 되었다. 이에 전자지갑의 흔적을 완전히 제거하는 기능이 필요하다는 요구가 커졌고, 프로토콜 단계에서 암호학 기술을 적용한 지캐시, 모네로, 밈블웜블 같은 프라이버시 중심 암

호화폐들이 등장했다.

이러한 프라이버시 코인의 특성은 사이퍼펑크 운동의 이념과 맥을 같이하지만, 사회 질서 유지를 위해 거래 내역 열람 권한을 확보하려는 정부 기관들과 정면으로 충돌한다. 익명성을 악용한 범죄 자금 세탁이나 반국가 세력과의 거래 가능성 때문이다. 이에 각국 금융 당국은 규제와 통제가 어려운 이 회색 지대를 경계하며, 블록체인 기술의 무분별한 확산을 우려하고 있다.

익명성에 대해 엄격한 잣대를 들이미는 규제 당국

익명성에 대한 규제 당국의 관점은 매우 경직되어 있다. 특히 대한민국에서는 2022년 3월 25일, 정부의 숙원이었던 '특정 금융정보법'(이하 특금법) 개정안이 시행되면서 모든 익명거래[4] 기반의 블록체인이 금지되었다. 국내 특금법은 미국이 주도하는 자금세탁방지금융대책기구[FATF, Financial Action Task Force][5]의 권고안[6]을 근거로 하고 있다. 주요 서방국을 중심으로 이미 엄격한 규제 의지가 확립된 상황이므로, 국제 금융 인프라로 활용될 블록체인 기술의 핵심 또는 프

---

4   익명성을 전체 또는 부분적으로라도 거래에 도입할 경우, 해당 체인의 기본 토큰은 주요 거래소에서 상장이 폐지된다. 한때 '디지털 은'으로 불렸던 라이트코인도 선택적 익명 거래가 가능한 밈블윔블(MimbleWimble) 기술을 도입한 후 상장 폐지되었다. 당시 시가 총액 6위였던 암호화폐가 익명성 기능 도입으로 국내 거래가 불가능해진 사례는, 정부가 익명성 기능을 얼마나 엄격하게 관리하는지 보여준다.

5   자금세탁방지 금융대책기구(FATF)는 1989년 파리 G7 정상회의 이후 자금 세탁 방지를 위한 국제 협력과 각국의 제도 이행 상황 평가를 목적으로 설립되었다. FATF의 권고안은 법적·금융적 조치와 국제 협력 방안을 담은 지침으로, 법적 구속력은 없으나 각국 규제의 중요한 기준이 된다. 권고안을 위반하면 FATF 블랙리스트에 등재되어 국제 금융거래에서 심각한 제재를 받을 수 있다.

로토콜 단계에서 익명성 기술을 도입하기는 현실적으로 어렵다.

"그럼에도 개인 간 자산 거래는 현실적으로 규제하기 어렵다. 토르 네트워크Tor Network, 다크 월렛Dark Wallet, 코인조인CoinJoin[7], 코인셔플CoinShuffle 등 다양한 익명 강화 서비스를 통해 자금 세탁이 이루어지고 있는 것이 현실이다. 특히 믹싱[8]을 이용한 불법 가상자산의 이동을 원천적으로 차단하기는 어려운 실정이다. 이처럼 암호학 기반의 익명성 암호화폐와 감독 당국의 규제는 평행선을 그리고 있다.

익명성 보장을 위한 새로운 규제준수형 시도

규제를 통해 사용자의 익명성이 제한되자, 오히려 기술이 규제를 포용하려는 움직임이 나타나고 있다. 대표적인 사례로 비탈릭 부테린을 포함한 3명의 업계 전문가가 발표한 논문 <블록체인 프라이버시와 규제 준수: 실용적인 균형을 향하여Blockchain Privacy and Regulatory Compliance: Towards a Practical Equilibrium>를 들 수 있다.

6 2022년 6월 발표된 FATF 최종 권고안은 암호화폐와 암호자산을 가상자산(VA, Virtual Asset)으로, 거래소와 수탁 업체를 가상자산 서비스 제공자(VASP, Virtual Asset Service Provider)로 규정했다. 또한 Z-Cash, Monero 같은 강화된 익명성 암호화폐와 믹서, 텀블러를 불투명한 거래를 조장하는 주요 기술로 지목하며, VASP가 불법 가상자산 거래를 관리하는 책임 주체가 되어야 함을 강조했다.

7 코인조인(CoinJoin)은 보안 전문가이자 비트코인 코어팀 멤버였던 그레고리 맥스웰이 고안한 익명화 비트코인 거래 방식이다. 최소 3개 이상의 거래 장부를 혼합하여 거래의 익명성을 높이는 방식으로, 모든 비트코인 거래에는 소유자의 서명이 필요하며 서명 후에는 거래 내용이 변경되지 않는다. 참여자는 송금액과 수취액을 제시하고, 통합된 거래 풀에서 자신의 입출금액이 일치하는지 확인한 후 서명한다. 모든 참여자의 서명이 완료되면 해당 거래는 비트코인 네트워크에 전파되며, 블록체인에 포함되면서 비트코인의 출처를 추적할 수 없게 된다.

8 믹싱(Mixing)은 가상자산 거래의 익명성을 보장하기 위한 기법으로, 다수 계정의 거래 정보를 하나로 통합하여 특정 주소로 입금하는 방식을 말한다.

Nocturne ✓
@nocturne_xyz

1/ We're excited to announce our $6M seed round co-led by @BainCapCrypto & @polychain with participation from @VitalikButerin and other members of the Ethereum community.

This round will fund the deployment and continued development of private accounts on Ethereum.

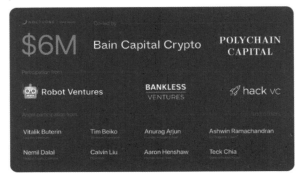

9:05 PM · Oct 25, 2023 · **323.4K** Views

녹턴의 투자 유치 발표

이 논문은 영지식 증명의 한 종류인 zk-SNARK와 맞춤형 연관 집합Association Set을 활용한 익명성 풀Privacy Pool을 다룬다. 이를 통해 미국 재무부 해외자산통제국OFAC과 같은 규제 기관이 지정한 불법 단체와 거래를 하지 않았다는 사실을, 거래 내역의 일부만으로도 증명할 수 있게 되었다.

주목할 만한 점은 이 논문을 기반으로 개발된 프로토콜 '녹턴 Nocturne'이 폴리체인 캐피탈과 베인 캐피탈 등 주요 암호화폐 벤처캐 피털로부터 600만 달러의 초기 투자를 유치했다는 사실이다. 스마트 계약을 통해 규제를 준수하면서도 선택적 익명성을 보장하는 이 혁신적 시도의 향후 발전 방향에 주목할 필요가 있다.

블록체인 검열저항성, 그 한계를 찾아서

익명성 이슈에서 정부와 암호화폐 업계가 첨예하게 대립하는 반면, 검열 저항성은 상대적으로 자율성이 보장되는 분위기다. 이더리움과 같이 충분히 탈중앙화된 네트워크에서는 특정 거래를 검열하는 형태의 완벽한 통제가 현실적으로 불가능하다. 특히 기존 작업증명PoW 방식의 연산량에 비례하는 암호경제적 방어체계가 지분증명PoS 방식으로 전환되면서, 공격자는 천문학적인 비용을 부담해야 하므로 특정 네트워크의 거래 기록을 제지하기가 더욱 어려워졌다.

불법 행위에 악용될 가능성이 있더라도, 온체인 기록을 통해 피의자의 지갑을 특정할 수 있어 위험성이 비교적 낮게 평가된다. 또한 특정 지갑이 드러나면 기존 금융·증권법을 적용하여 사후 처벌이 가능하므로, 당국은 검열 저항성에 대해 상대적으로 유연한 입장을 취하고 있다.

각국의 규제에 맞춘 국가별 법적 이행 체계

블록체인이 검열 저항성을 지니고 있더라도, 국가 규제를 준수해야 하는 상황에서는 디앱DApp 단계에서 해당 국가가 지정한 대상과의 상호작용을 제한하게 된다. 대표적인 사례로 2022년 8월 미국 재무부 해외자산통제국OFAC이 '토네이도 캐시Tornado Cash'를 제재하여 이더리움 주소 44개를 특별지정제재대상SDN 목록에 등재한 사건을 들 수 있다.[9] 이로 인해 미국 관할권에 속한 사업체와 디파이 프로토콜AAVE 등은 해당 주소와의 상호작용을 금지하거나 담보 자산을 동

---

9   USDC 스테이블코인 운영사인 써클은 SDN 목록에 등재된 모든 지갑 주소가 보유한 USDC를 동결 조치했다.

결했다.

이 과정에서 흥미로운 사건이 발생했다. 한 사용자가 유명 이더리움 계정 보유자들에게 토네이도 캐시를 경유한 이더리움을 무단 전송하여 혼란을 초래했고, 이에 규제 준수 의무가 있는 다수의 디파이 프로토콜은 '제재 대상'으로 지정된 주소들의 포지션과 담보 자산을 전면 동결해야 했다. 이는 현실 세계의 보이스피싱 수법과 유사한 방식이 암호화폐 생태계에서 구현된 사례라 할 수 있다.[10]

프로토콜 레벨의 검열가능성과 검열저항성의 줄다리기

현재는 애플리케이션 단계에서 주로 검열이 이루어지고 있지만, 앞으로 규제가 트랜잭션과 블록 구성 과정까지 확대되면 상황이 급격히 변화할 수 있다. 예를 들어 이더리움에서 블록 제안자가 불법으로 지정된 거래를 걸러내고 전파를 거부한다면, 다수의 노드가 이에 동참할 경우 특정 주소의 모든 트랜잭션을 영구히 배제[11]할 수 있다. 이는 '중립적 세계 컴퓨터'라는 이더리움의 근본 목표와 상충한다.

이러한 문제를 해결하기 위해 프로토콜 수준(합의 수준)에서 검

---

10 또한, 소위 "소매넣기"로 불리는 방식, 즉 상대 지갑에 대한 권한 없이도 임의로 토큰이나 NFT를 전송하는 행위가 가능하다는 점이 문제의 발단이 되었다. 이는 각 계정(EOA)이 NFT 등 자산 소유권을 직접 저장하지 않고, 컨트랙트 계정(CA)의 Storage에 기록하기 때문에 EOA에는 '거래 허용/비허용' 권한이 별도로 존재하지 않기 때문이다.

11 2022년 8월, 이더마인(Ethermine) 이더리움 채굴풀은 OFAC의 SDN 이더리움 주소 공개 시점으로부터 하루 뒤, 토네이도 라우터로 향하는 모든 트랜잭션을 블록에서 제외하기 시작했다.

열을 방지하려는 시도가 있다. '포함 목록Inclusion List'**12**이 대표적인 예시로, 가스비 지불 의사가 있는 트랜잭션은 최대 블록 크기 내에서 배제하지 않는다는 개념이다. 다만 이처럼 검열 저항성을 강화하면 암호화폐의 익명성에 강경한 입장을 보여 온 규제 당국의 반발이 거세질 수 있어 향후 전개 과정을 주의 깊게 관찰할 필요가 있다.

오픈소스 정신의 한계는 어디까지인가?

소프트웨어의 '오픈소스화Open Source License'는 최신 인공지능AI 모델에도 공통으로 적용되는 특징이다. 흥미롭게도 오픈소스라는 개념은 사이퍼펑크 운동과 깊은 관련이 있다. 1세대 인터넷 기업인 넷스케이프Netscape가 1998년 자사의 소스 코드를 전면 공개한 사례가 대표적이며, 이를 주도한 마크 로웰 앤드리슨Marc Lowell Andreessen 역시 사이퍼펑크 운동가였다.

넷스케이프는 1998년 2월 3일 캘리포니아 팔로알토에서 열린 전략 세션에서 소스 코드를 전면 공개했다. 물론 오픈소스라는 용어가 등장하기 이전에도 대학 연구실에서 개발한 코드를 무료로 배포하는 관행이 있었으나, 기업이 공식적으로 소스 코드를 공개하는

---

12 다만 멤풀에 존재하지 않는 배타적 주문 흐름(Exclusive Order Flow) 등의 경로로 블록의 빈 공간을 다른 트랜잭션으로 채우는 상황까지는 완전히 막을 수 없다. 일반적으로 다음 세 단계를 거친다:

1) 제안자가 멤풀에서 반드시 포함해야 할 트랜잭션을 선별하여 '포함 목록'을 전파한다.

2) 블록 빌더가 멤풀이나 배타적 주문 흐름에서 확보한 트랜잭션으로 블록을 구성하여 경매에 부친다.

3) 제안자는 경매 결과, 최대 블록 크기를 채웠거나 포함 목록을 반영한 블록 헤더를 승인한다.

II. 철학과 거버넌스, 그리고 규제

일은 매우 드물었다.

　이러한 오픈소스 정신은 리눅스와 SSL 프로토콜 등으로 이어졌고, 최근에는 GAN, 트랜스포머, 라마LLAMA 같은 인공지능 모델에도 적용되어 투명성과 커뮤니티 협업을 장려하며 혁신을 이끌고 있다. 물론 챗GPT의 성공 이후 오픈AI나 일부 빅테크 기업이 소스 코드를 비공개로 전환하는 움직임도 있으나, 메타가 라마2와 라마3를 공개하는 등 오픈소스 기조는 여전히 유지되고 있다.

　한편 오픈AI와 구글 같이 고도화된 인공지능 모델을 보유한 기업들은 새로운 전략을 취하고 있다. 이들은 소스 코드는 비공개로 유지하면서도, API응용 프로그램 인터페이스와 플러그인 인터페이스를 외부 서비스에 제공함으로써 기술의 폐쇄성과 플랫폼으로서의 확장성을 동시에 추구하고 있다.

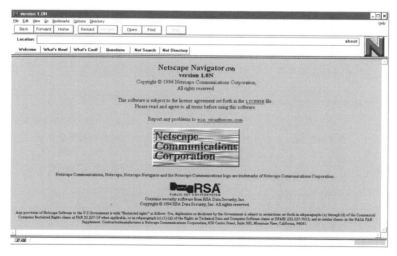

넷스케이프의 소스 코드 공개

오픈소스의 양면성 : 혁신의 동력이자 규제의 난제

오픈소스는 누구나 최신 기술에 접근하여 신속하게 개발할 수 있고, 특정 공급 업체에 대한 의존도를 낮출 수 있다는 큰 장점이 있다. 전 세계 개발자들이 소스코드를 공유하며 범국가적 개발 생태계를 형성하는 것이다. 이러한 특성은 투명성과 유연성, 책임성, 경제성을 높이며 21세기 정보통신기술 발전에 크게 이바지했다.

하지만 규제 당국의 관점에서는 불특정 다수에게 강한 전파력을 지닌 기술이 무제한으로 배포될 수 있어 잠재적 위험성이 크다. 기술 자체는 중립적이더라도, 악의적 목적으로 활용될 소지가 명백한데도 오픈소스로 공개되면 통제가 어렵다는 딜레마가 있다. 이러한 논쟁은 암호화폐 시장에서도 계속해서 제기되고 있다.

믹싱 프로토콜 : 토네이도 캐시와 OFAC 블랙리스트

체인애널리시스 ChainAnalysis 의 분석에 따르면, 믹서의 모든 이용자가 범죄자는 아니지만 상당량의 불법 자금이 믹서를 통해 유통되고 있다.

자금 출처를 은닉하기 위한 대표적 수단인 믹서, 특히 스나크 영지식 증명 zk-SNARK 기술을 기반으로 익명성을 보장하는 토네이도 캐시 Tornado Cash 는 북한 해커들의 자금 세탁 도구로 악용됐다. 이에 2022년 8월 8일, 미국 해외자산통제국 OFAC 은 개정된 행정명령 E.O. 13694에 따라 토네이도 캐시를 사이버 범죄 수익 세탁의 조력자로 지정했다. 여기에는 2019년에 제재를 받은 북한의 국가 지원 해킹 조직인 라자루스 그룹의 범죄 행위도 포함됐다.[13]

이후 토네이도 캐시를 만든 알렉세이 페르세프 Alexey Pertsev 등 오픈소스 스마트 컨트랙트 개발자가 체포되면서, 오랫동안 사이퍼펑

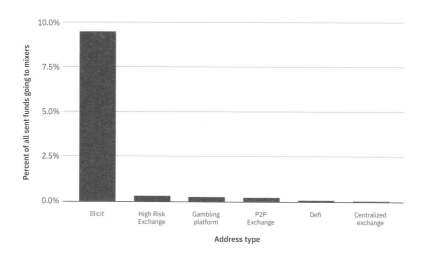

주소 유형 별 믹서 전송 자금

출처 : Chainalysis

크 정신을 지지해온 암호화폐 진영이 강하게 반발했다(당시 쟁점은
범죄자나 테러 집단의 불법 자금 송금·세탁 행위 자체가 아닌, 비트
코인 믹서 개발과 배포 행위를 자금 세탁 범죄의 공모로 간주한 점이
었다).

이후 토네이도 캐시의 개발자 알렉세이 페르세프 Alexey Pertsev 등
이 체포되자 암호화폐 진영이 강하게 반발했다. 이는 과거 월렛 제
공업체 드롭빗 DropBit 의 래리 하몬 Larry Harmon 이 '헬릭스 Helix' 믹서 소
프트웨어 배포 혐의로 체포된 사례와 유사했다. 나오미 브록웰 Naomi
Brockwell 등 업계 인사들은 "이미 관리 키를 파기해 개발자도 수정
할 수 없는 상태였는데, 뒤늦게 책임을 묻는 것이 부당하다"며 반발

---

13   토네이도 캐시에 대한 자세한 내용은 디사이퍼 미디엄의 '<스캠 시리즈>#4 — 스
     캠 그 후 : 토네이도 캐시'를 참조하라.

했다. 결과적으로 비트코인 믹서, 코인조인, 토네이도 캐시 등의 오픈소스 계약이 범죄 연루 혐의로 처벌받을 수 있다는 사실이 부각됐다.

블록체인 소프트웨어 : 오픈소스의 현주소와 한계

오픈소스 라이선스OSL : Open Source License는 지적 재산권에 대한 수정 권한의 개방성 정도에 따라 분류된다. GNU, MIT, Apache 등 OSIOpen Source Initiative에 등록된 오픈소스 라이선스는 100개가 넘는다. 이들은 대부분 소프트웨어의 배포, 수정, 상업적 사용을 허용하되, 책임 소재에 관해서는 "제작자는 법적 책임을 지지 않는다"는 면책 조항을 포함하고 있다.

그러나 최근 사례들을 통해 이러한 면책 조항의 실효성이 의문시되고 있다. 대표적인 믹싱 지갑인 와사비 월렛, 헬릭스, 코인조인과 같은 프로젝트들은 모두 오픈소스 라이선스로 배포되었다. 특히 토네이도 캐시의 경우, MIT 라이선스로 배포되었음에도 불구하고

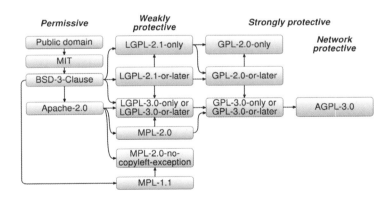

OSL(Open Source Licenses)의 개방도에 따른 분류

개발자가 미국 정부의 제재로 체포되는 사태가 발생했다.

이는 오픈소스 소프트웨어나 스마트 계약이 범죄에 악용될 경우, 면책 조항과 관계없이 개발자가 법적 책임을 질 수 있다는 것을 보여준다. 이러한 상황에서 적절한 규제 체계가 확립될 때까지 관련 논란은 지속될 전망이다.

블록체인 MEV, 어둠 속에 감춰진 Dark Forest

블록체인 기술의 규제 도입과 관련한 마지막 쟁점은 MEV 문제로, 이는 기존 금융권의 초고빈도 거래HFT 및 다크풀 이슈와 유사하다. 일부 온체인 대시보드[14]에 따르면, 2022년 9월 이더리움이 지분증명PoS 방식으로 전환되기 전까지 추산된 MEV 피해액만 6억 달러를 상회하며, 빙산의 일각만 파악되는 특성상 실제 피해액은 이를 훨씬 웃돌 것으로 예측된다.

MEVMaximal Extractable Value는 블록체인의 기술적 특성에서 비롯되는 현상으로, 블록 생성과 제출 과정에서 분산원장 관리 주체가 사용자의 거래 내역을 임의로 조작하거나 악용하는 상황을 의미한다. 이로 인해 거래 제출자는 의도치 않게 거래가 조작되거나, 자금을 탈취당하거나, 유동성 풀LP을 이용한 스왑 거래에서 추가 비용을 부담하게 될 수 있다.

전통금융의 MEV : 다크풀Dark Pools

실제 공개시장의 거래량을 상회하는 규모의 거래가 알고리즘 트레

---

14 아이겐파이(EigenPie) 및 플래시봇(Flashbot)의 MEV 탐색기(MEV-Explorer) 대시
    보드에서는 이더리움, BSC 등 각종 체인의 MEV 현황을 실시간으로 제공하고 있다.

이딩이나 다크풀과 같은 대체거래소^{Alternative Trading System}를 통해 이루어지고 있다.

2014년 바클레이즈^{Barclays}는 자사 다크 풀 Barclays LX에서 HFT 비율을 고객들에게 제대로 알리지 않아 1억 5천만 달러의 벌금을 냈고, UBS도 비슷한 혐의로 1,450만 달러의 합의금을 지불했다. 이를 계기로 미국과 유럽은 Regulation ATS, FINRA Rule 4552, MiFID II 등 여러 규제를 도입해 다크풀의 정보 비대칭을 완화하고, 대규모 거래의 순기능은 인정하는 방향으로 제도를 정비했다.

공개시장에서의 대량 거래는 HFT와 알고리즘 트레이딩이 지배하는 현재 자본시장에서 큰 가격 변동을 야기할 수 있다. 대체거래소는 기관투자자들이 대규모 거래를 수행할 때 시장 영향을 최소화하고 변동성을 통제할 수 있게 해준다.

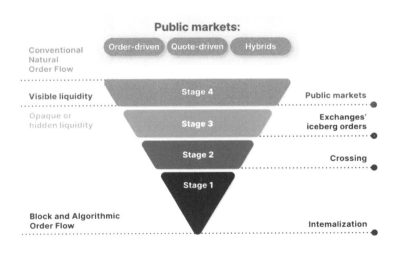

출처 : B2Broker, Hazem Alhalabi

암호화폐계의 다크풀 : MEV

MEV는 거래 조작 문제를 일으키지만, 블록체인의 특성상 그 영향 범위가 제한적이다. MEV 공격은 프런트 러닝, 백 러닝, 샌드위치 공격 등이 있으며, 거래자가 트랜잭션 정보를 미리 확인하고 거래 순서를 조작하여 자산 가격을 왜곡하거나 수수료를 부당하게 증가시키는 방식으로 이루어진다. 일례로, 이더리움 네트워크에서 'jaredfromsubway.eth'는 단 한 번의 스왑 트랜잭션으로 3천만 달러 이상의 수수료를 지불한 샌드위치 공격 피해를 입었다. 이러한 공격은 블록체인의 결제 및 정산 기능에 대한 신뢰도를 저하시키며, 다크풀과 마찬가지로 사용자에게 재정적 손실을 초래하고 시스템 전반의 신뢰를 약화시킨다.

다만 모든 MEV가 부정적인 것은 아니다. MEV는 차익거래를 통해 자산 가격의 비대칭을 해소하고 시장의 자본 효율성을 개선하는 순기능도 지니고 있다. MEV의 성격은 그 실행 방식에 따라 구분된다. 프런트 러닝이나 샌드위치 공격처럼 다른 사용자의 트랜잭션보다 앞서 발생하여 후속 거래를 악용하는 경우는 '나쁜 MEV'로 분류된다. 반면 백 러닝과 같이 기존 사용자의 거래에 영향을 미치지 않으면서 단순히 자본 효율성을 높이는 행위는 '좋은 MEV'로 평가된다.

암호화폐 시장의 규제 감독 필요성

다크 풀의 규제 사례와 암호화폐 시장의 MEV 문제는 유사한 맥락에서 디지털 자산 분야의 감독 체계 구축을 요구한다. 다크 풀은 이미 정부 기관을 중심으로 한 엄격한 규제 체계 하에서 제한적으로 운영되어 시스템의 안정성을 확보했다. 반면 MEV 문제는 블록체인 네트워크에 국한된 현상으로, 아직 규제의 사각지대에 놓여있다. 그러나 규제 당국의 블록체인 기술에 대한 이해도가 높아지면서, MEV 문제 역시 규제 대상으로 논의해야 할 시점이 됐다.

이러한 상황에서 가능한 해결책은 두 가지 방향에서 검토할 수 있다. 첫째, 다크 풀 규제와 같이 SEC 등 주요 규제 기관이 개입하여 거래 내역을 사후 공시하는 방식이다. 둘째, 비트코인과 이더리움 같은 탈중앙화 블록체인 네트워크의 특성상 정부 규제나 거래 검열이 현실적으로 어렵다는 점을 고려하여, 기술적 해결 방안을 모색하는 것이다.

MEV의 기술적 해결방안

사용자와 노드 간 정보 비대칭과 인프라의 불공정 거래인 MEV를 해소하기 위한 기술적 시도의 핵심은 두 가지이다. 첫째, 사용자가 제출한 트랜잭션이 원하는 가스비로 실행됨을 보장하는 것이고, 둘째, 시장 활성화에 도움이 되는 차익 거래의 축소를 최소화하는 것이다. 이는 특히 탈중앙화 금융이 가장 활성화된 이더리움 생태계에서 주요 과제로 대두되고 있다. 관련 연구와 프로젝트들은 MEV가 초래하는 긍정적 효과는 유지하면서 부정적 영향을 제거하는 방안을 모색하고 있다.

대표적으로 플래시봇Flashbots은 특정 검증자의 트랜잭션 검열을 방지하고자 MEV-Boost라는 중계 솔루션을 개발했으며, 현재 80% 이상의 이더리움 노드가 이를 활용하고 있다. 다만 유해한 MEV 문제는 여전히 해결되지 않았다. 이에 플래시봇은 유익·유해 MEV를 모두 거래할 수 있는 SUAVE라는 중계 네트워크를 새로운 경제적 해결책으로 개발 중이다.

한편, 트랜잭션의 포함과 전파 단계부터 지침을 제공하는 솔루션도 있다. 국내 프로젝트인 라디우스Radius는 이더리움의 PBS Proposer-Builder Separation 환경에서 블록 구성 시 앞부분에는 사용자 트랜잭션을 집중 배치하고, 뒷부분에서는 이미 실행이 확정된 트랜잭션에 대한 후속 거래만을 허용하는 방식을 채택했다.

MEV 문제는 암호학과 경제학을 아우르는 고도의 전문성을 요구한다. 특히 블록 구성 방식에서 강제성을 확보하면서도 자유 시장 경제의 장점을 살릴 수 있는 균형점을 찾아야 하는 과제이기에 더욱 그러하다.

이처럼 기술적 불확실성이 큰 블록체인과 규제 사이의 균형, 그리고 이에 대한 다양한 기술적 해결 방안을 살펴보았다. 다음으로는 새로운 인터넷 소유권 계층으로서 블록체인이 기존의 권리와 법체계 속에서 어떻게 자리 잡아 가는지, 그 활용에 관한 규제를 중심으로 논의하고자 한다.

블록체인 활용에 대한 규제

블록체인은 기존의 소유 개념을 P2P 네트워크로 확장한다. 다만 이러한 소유 개념은 전통적으로 정부라는 기관이 법적 질서를 통해 확립해 왔다. 따라서 블록체인상의 디지털 소유권과 현행 규제상의 법적 소유권이 조화를 이루기까지는 필연적으로 시행착오가 발생한다.

또한 누구나 쉽게 자산을 네트워크상에서 발행할 수 있게 되면서, 기존에 검증된 특정 기업이나 기관에만 주어졌던 자산 발행권

이 대중에게 개방되어 악용 가능성이 높아졌다. 이에 따라 토큰 발행과 같은 자산 생성 기능의 활용과 그에 따른 책임을 기존 규제의 관점에서 법리적으로 해석하고 정의하는 과정이 필수적이다.

이 절에서는 블록체인이 법적 테두리 안에 안착하기 위해 국제 사회에서 논의된 주요 쟁점과 국내 현안의 진행 과정을 살펴보고, 규제 당국이 바라보는 블록체인 기술 활용의 방향성을 검토하고자 한다.

• 토큰 자체만으론 증권이 될 수 없다.

미국 행정부 SEC, CFTC : 리플랩스 Ripple labs 소송

미국 증권거래위원회 SEC, Securities and Exchange Commission는 ICO 방식으로 자금을 모집하는 프로젝트 중 일부를 '투자계약'Investment Contract 으로 보아 증권 발행 행위로 간주하고, 이에 따른 규제를 위해 소송을 제기하고 있다.[15] SEC의 이러한 판단은 투자자 보호를 목적으로 하지만, 동시에 기술 발전과 혁신을 저해할 수 있다는 비판도 제기되었다.

SEC는 2020년 12월, 리플랩스의 XRP 판매 행위가 투자계약에 해당한다며 뉴욕 남부지방법원에 리플랩스를 제소했다. SEC는 1933년 미국 증권법 위반을 주장했으며, 4년간 지속된 소송은 2024년에 최종 판결을 맞았다. 아날리사 토레스 판사는 2024년 8월

15　SEC는 2009년 '버니 메이도프' 폰지 사기 사건으로 자본시장 감독과 투자자 보호 역할 수행에 대해 큰 비판을 받았다. 이후 과거의 실책을 반복하지 않고자 노력하고 있으며, 게리 겐슬러 위원장 취임 이후 블록체인 프로젝트들에 대해 강경한 입장을 취하며 다수의 증권법 위반 소송을 제기하고 있다.

7일, 리플랩스에 기관투자자 대상 리플 판매에 대해 1억 2,503만 5,150달러의 민사상 벌금 납부와 기관 판매 중단을 명령했다. 이는 2023년 7월 13일 판결을 확정한 것으로, 일반 대중 대상 판매는 증권법 위반이 아니나 기관투자자 대상 판매는 위법이라고 판단했다. 업계에서는 이 벌금이 SEC 청구액(19억 5,076만 8,364달러)의 약 6.4% 수준에 그쳐 리플랩스의 실질적 승리로 평가하고 있다.

SEC는 리플랩스의 기관 대상 XRP 판매와 개인투자자 대상 프로그램 판매를 각각 하위 테스트의 네 가지 항목에 적용해 위법성을 주장했다.

증권성 판단의 기준 : 하위 테스트 Howey Test

미국 증권거래위원회SEC는 증권성 판단의 기준인 하위 테스트를 근거로 리플랩스의 미등록 증권 판매 혐의를 기소하였다. 1946년 SEC v. W. J. Howey Co. 사건에서 미국 대법원은 '투자 계약'의 증권 해당 여부를 판단하는 기준으로 '하위 테스트Howey Test'를 확립했다. 이 기준에 따르면 투자 계약은 "① '자금'을 ② '공동 사업'에 투자하고, ③ 해당 사업의 '발기인 또는 제3자'의 노력만으로 '수익'을 기대하는 계약, 거래, 계획"으로 정의된다. 특히 미국 법원은 '투자 계약' 해당 여부를 판단할 때, 형식적 구조보다는 경제적 실질과 상황의 전체적 맥락을 고려해야 한다는 입장을 현재까지 유지하고 있다.

하위 테스트의 유래가 된 W. J. Howey Co.는 1933년 플로리다에서 오렌지 농장을 운영하던 회사였다. 이 회사는 소유 농장의 절반을 매각한 뒤, 매수인들로부터 다시 임차하여 오렌지를 재배했다. 매수인들은 임대료와 농장 수익의 일부를 받았으며, 실제 농장 운영은 Howey-in-the-Hills Service, Inc.가 전담했다. 이는 실질적인 사업 구조는 그대로 유지하면서 법적 형식만 변경한 것이었다. SEC는 이러한 구조가 실질적으로 '투자 계약'에 해당한다고 보아 소를 제기했고, 이 사건에서 확립된 판단 기준이 현재의 하위 테스트로 발전했다.

애널리사 토레스^{Analisa Torres} 판사는 장기간의 심리를 거쳐 2023년 7월 13일, SEC가 리플랩스^{Ripple Labs}와 브래들리 갈링하우스^{Bradley Garlinghouse} CEO, 크리스천 라슨^{Christian A. Larsen} 회장을 상대로 제기한 소송에 대해 판결을 선고했다. 판결에서는 다음과 같이 네 가지 거래 유형별로 하위 테스트를 적용하여 판단했다.

1. 기관 판매 : 리플이 7억 2,800만 달러를 수령한 XRP 기관 판매는 투자계약에 해당한다.
2. 프로그램 판매 : 리플이 7억 5,700만 달러를 수령한 XRP 프로그램 판매는 투자계약에 해당하지 않는다.
3. 기타 분배 : 리플이 무상으로 양도한 6억 900만 달러 상당의 XRP는 투자계약에 해당하지 않는다.
4. 개인 판매 : 라슨과 갈링하우스가 각각 4억 5,000만 달러, 1억 5,000만 달러 상당의 XRP를 개인적으로 판매한 건은 투자계약에 해당하지 않는다.

1. 기관 판매^{Institutional Sales}에 관한 법원의 판단

애널리사 로레즈 판사는 '기관 판매'가 SEC가 주장한 대로 투자 계약^{Investment Contract}에 해당한다고 판시했다. 이러한 판단의 구체적 근거를 하위 테스트의 각 요건별로 분석해보고자 한다.

1) 하위 테스트 첫 번째 요건 : '자금의 투자 investment of money' - 인정

기관 매수인들은 리플사에 법정 화폐나 기타 통화를 지급하고 XRP를 수령함으로써 '자금'을 투자한 것으로 인정되었다. 피고 측은 XRP 거래 대금을 수령한 사실 자체는 인정하면서도, '자금의 투자'와 '단순한 대금의 지급'은 법적으로 구별되어야 한다고 주장했다.

그러나 법원은 이러한 주장을 받아들이지 않았다. 미국 판례법상 중요한 것은 기관 매수자들이 실질적으로 자본을 제공했는지 여부이다. 피고 측이 대금 수령 사실을 부인하지 않는 이상, 법원은 하위 테스트의 첫 번째 요건이 충족되었다고 판단했다.

2) 하위 테스트의 요건 ② : '공통된 사업 common enterprise'의 존재 - 인정

'공통된 사업'의 존재는 '수평적 공통성 horizontal commonality'으로 입증된다. 수평적 공통성이란 다수 투자자의 자산이 통합되어 사업의 수익과 위험을 공유하는 상태를 의미한다.

XRP 가치가 상승했을 때, 모든 기관 매수인은 보유 물량에 비례하여 수익을 얻었다. 본 법원은 다음 두 가지 사실에 근거하여 '공통된 사업'의 존재를 인정하였다. 첫째, 자산의 공동 출자가 있었고, 둘째, 기관 매수인의 자산이 다른 기관 매수인의 성공은 물론 XRP 사업의 성공과도 연관되어 있었다.

피고 리플은 기관 판매 수익금을 자회사들의 은행 계좌 네트워크에 통합 관리했다. 각 자회사가 개별 은행 계좌를 보유했으나, 피고 리플이 이를 총괄 통제하며 기관 판매 자금을 운영 자금으로 활용했다. 투자자 자금은 개별적으로 분리·운용되지 않았으며, 회계사들은 XRP 관련 수익을 통합 기록했다.

모든 기관 매수자는 동일하고 대체 가능한 fungible XRP를 받았으므로, 각자의 수익 가능성은 피고 리플의 자산 및 다른 기관 매수자들의 자산과 연동되었다. 피고 리플은 기관 판매 자금으로 XRP 활용성을 개발하고 거래 시장을 보호함으로써 XRP의 가치를 제고했다.

3) 하위 테스트의 요건 ③ : '타인'의 기업가적 또는 경영상 활동으로 발생한 수익에 대한 합리적 기대 - 인정

법원은 이 사건의 기관 매수인들과 같은 상황에 처한 합리적 투자자들이 피고 리플의 활동으로 수익을 얻을 것이라는 기대와 함께 XRP를 구매했을 것이라고 판단했다.

피고 리플의 대외 소통, 마케팅 캠페인, 기관 판매의 특성 등을 고려할 때, 합리적 투자자들은 피고 리플이 기관 판매로 얻은 자본을 XRP 시장 발전과 XRP Ledger 사용 개선에 투입하여 XRP의 가치를 높일 것으로 기대했다. 이는 특히 리플이 잠재적 기관 매수자들에게 배포한 세 종류의 브로셔와 시장 보고서에서 확인된다.

리플이 2013년경 투자자들에게 회람한 '금융 전문가를 위한 심층 분석Deep Dive for Finance Professionals' 브로셔에 따르면, 리플은 "자사의 비즈니스 모델이 리플 프로토콜의 광범위한 사용으로 인한 XRP 수요 증가에 기반한다"고 밝혔다. 또한 "리플 프로토콜이 국제 가치 전송의 중추로 자리 잡으면 XRP 수요가 상당할 것"이라고 전망했다. 리플은 이 외에도 'Ripple for Gateways'와 '리플 입문서Ripple Primer' 브로셔를 제작해 잠재 매수자들에게 배포했다.

리플은 'XRP 시장 리포트XRP Market Report'를 통해 XRP의 가격과 거래량 변동을 자사의 경영 활동과 연계해 설명했다. 2017년 1분기 보고서에서는 1) XRP에 대한 확고한 헌신, 2) 새로운 사업 제휴 관계 구축, 3) 기업용 블록체인 솔루션의 상용화와 글로벌 결제 네트워크 참여 은행 확대 등의 노력이 XRP의 가격 상승과 거래량 증가에 영향을 미쳤다고 분석했다.

리플의 창업자 크리스 라슨Chris Larson은 2014년 인터뷰에서 "리플의 성공을 위해서는 XRP와 네트워크의 가치를 보호하는 것이 매우 중요하다"고 강조했다. 또한 잠재 투자자들에게 "리플 프로토콜의 가치 극대화를 위한 시간이 필요하다"고 언급했다.

2017년 7월, 리플의 최고 암호학자 데이비드 슈워츠David Schwartz는 레딧Reddit을 통해 "리플의 이해관계가 XRP 보유자들의 이해관계와 완벽하지는 않으나 매우 밀접하게 연관되어 있다"고 설명했다. 그는 "XRP 가격이 장기적으로 1페니만 상승할 것으로 예상되더라도, 리플이 특정 프로젝트에 1억 달러를 투자하는 것이 정당화될 수 있다"고 덧붙였다.

리플의 CEO 로버트 갈링하우스Robert Garlinghouse는 2018년 3월 기자회견에서 "생태계의 성공과 건전성에 큰 관심을 두고 지속적인 투자를 이어갈 것"이라고 밝혔다. 또한 2017년 10월 유튜브 영상에서는 "현재의 성공을 지속한다면, 수조 달러 규모의 문제를 해결하게 될 것이며, 이는 XRP에 대한 막대한 수요로 이어질 것"이라고 단언했다.

위와 같은 진술은 리플이 기관 매수인들에게 전달한 XRP의 투자 잠재력과 피고들의 노력 간의 관계에 관한 전반적 메시지를 대표한다. 기관 매수인들은 리플이 자신들의 기업가적·경영적 활동을 통해 XRP의 잠재적 수익에 대한 투기적 가치를 제안했음을 분명히 인지했을 것이다.

더욱이 기관 판매의 성격은 리플이 XRP를 소비용이 아닌 투자 목적으로 판매했다는 결론을 뒷받침한다. 일부 기관 매수인은 판매 계약에서 XRP 거래량에 따른 잠금(락업) 조항이나 재판매 제한에 동의했다. 이러한 제한은 XRP가 통화나 기타 소비 용도로 사용된다는 개념과 배치된다.

만약 매수인의 의도가 단순히 법정 화폐의 대체재 확보였다면, 합리적인 경제 주체는 잠금 등의 제한으로 수백만 달러를 동결하는 데 동의하지 않았을 것이다. 즉, 자유로운 처분이 가능한 화폐와 일정 기간 후에야 매도할 수 있는 제한 자산이 있다면, 일반적으로 시간적 제약이 없는 전자가 후자보다 경제적 가치가 더 크다. 따라서 기관 매수인들이 즉시 처분 가능한 '화폐'로 시간적 제약이 있는 토큰을 매수한다는 사실은, 단순한 법정 화폐 대체재 구매가 아닌 '수익'을 기대하는 '투자'로 보는 것이 타당하다.

특히 일부 기관 판매 계약에서는 매수인이 XRP의 판매·배포로 발생하는 청구에 대해 리플을 면책하도록 요구했으며, 다른 계약에서는 기관 매수인이 재판매나 배포 목적으로만 XRP를 구매하고 최종 사용자용이나 다른 용도로는 사용하지 않음을 명시했다.

이에 본 법원은 피고들의 기관 판매를 둘러싼 경제적 실체와 제반 사정을 종합적으로 검토한 결과, 리플의 XRP 기관 판매가 '하위 테스트'를 충족하여 '투자 계약'에 해당하며, 이는 증권으로서 피고들이 미국 1933년 증권법 제5조를 위반한 미등록 투자 계약의 청약 및 판매를 한 것으로 판단했다.

2. 프로그램 판매 Programmatic Sales 의 점

두 번째로 살펴볼 것은 암호화폐 거래소에서 이루어진 리플의 매매에 대한 증권성 성립 여부이다. 리플은 프로그램이나 알고리즘 트레이딩을 통해 XRP를 매도했는데, 이는 거래 상대방을 알 수 없는

183

'블라인드 호가 거래 blind bid/ask transactions'였다. 이 매매 과정에서 매도자인 리플과 매수인 모두 서로의 신원을 알 수 없었다. 미국 SEC는 리플이 이러한 방식으로 약 7억 5,760만 달러 상당의 XRP를 매도했다고 주장했다.

SEC는 프로그램 매매와 관련하여, 리플이 투자자들의 투기적 성향을 인지하고 이를 겨냥했으며 투기 거래량 증가를 목표로 삼았다고 주장했다. 그러나 법원은 프로그램 매매의 경제적 실질을 고려할 때, 하위 테스트의 세 번째 항목인 '타인의 기업가적 또는 경영상 활동으로 발생한 수익에 대한 합리적 기대' 요건이 충족되지 않는다고 판단했다.

주요 근거는 다음과 같다:

1. 프로그램 매매 매수인들은 거래 상대방을 알 수 없었고, 리플과 직접적인 투자 계약 관계가 없었다.
2. 거래소를 통한 블라인드 호가 거래 특성상, 매수인들은 자신들이 지불한 금액의 최종 수령자를 알 수 없었다.
3. 2017년 이후 리플의 프로그램 매매는 전체 XRP 거래량의 1% 미만에 불과했다.

법원은 경제적 실질의 관점에서, 프로그램 매수인들을 유통 시장의 일반 매수인과 동일하게 취급했다. 단순한 투기적 동기만으로는 증권법상 '투자계약'의 존재를 인정할 수 없다고 보았는데, 이는 일반 상품 거래에서도 투자 수익을 기대하기 때문이다.

형식보다 경제적 실질이 증권성 판단의 기준이 되다

SEC와 리플 간의 판결에 비추어 볼 때, 투자계약으로서의 증권 해당 여부를 판단하기 위해서는 XRP 토큰 자체의 증권성을 평가하는 것이 아니라, 해당 토큰을 둘러싼 경제적 실질과 제반 사정을 종합적으로 고려해야 한다.

따라서 증권법상 증권성을 판단할 때는 블록체인과 코인의 기술적 설계도 고려해야 하지만, 그보다는 해당 코인의 발행 및 유통 과정에서 나타나는 구체적 사정, 즉 경제적 실질과 종합적 상황이 더욱 중요한 판단 기준이 될 수 있다는 점이 이번 판결의 핵심적 시사점이다.

• DAO라고 해서 면죄부가 될 수 없다

DAO탈중앙화 자율조직는 암호화폐 등장 이후 전 세계적으로 분산된 조직에서 의사결정을 효율적으로 하기 위한 새로운 시도로 주목받고 있다. 그렇다면 이러한 조직은 어떤 법적 지위를 가지며, 그 책임은 어떻게 부과될까? 이에 대한 실마리를 미국 상품선물거래위원회CFTC의 Ooki DAO 소송 사례에서 찾아볼 수 있다.

CFTC는 2022년 9월, Ooki DAO가 소매 고객에게 레버리지 및 마진 거래 상품을 제공하면서 고객확인절차KYC 관련 법률을 준수하지 않았다는 이유로 캘리포니아 북부지방법원에 소를 제기했다. Ooki DAO가 소송 답변 기한을 놓친 후, CFTC는 2023년 1월 윌리엄 H. 오릭 판사에게 연방 상품법 위반 판결을 요청했으나 처음에는 기각되었다. Ooki DAO는 소송에 공식 대응하지 않았지만, 미국 내 사용자들에 대해 지역 차단을 실시하는 방식으로 대응했다.

최종적으로 담당 판사는 Ooki DAO가 미등록 선물 수수료 판매

오키다오 판결

자로서 불법 거래 플랫폼을 운영했다고 판단하여 CFTC의 손을 들어주는 무변론 판결을 내렸다. 법원은 Ooki DAO에 64만 3,542달러의 벌금 납부와 함께 미국 내 사업 운영 영구 중단 및 웹사이트 폐쇄를 명령했다.

이 판례는 미국 법원이 DAO를 법적 책임의 주체로 인정하고 그 불법행위에 책임을 물었다는 데 의의가 있다. 따라서 DAO라는 형식을 통해 불법행위의 책임을 회피할 수 없으며, 모든 사업은 적법한 운영이 필수적이다.

DAO를 통한 조직 운영을 고려하는 사업자나 프로젝트는 민사상 무한 책임을 줄이기 위해 DAO의 법인화를 인정하는 미국의 와이

오밍, 뉴햄프셔, 유타 등에서 설립하여 유한 책임으로 범위를 한정하는 것이 바람직하다.

• 스테이킹 서비스 Staking-as-a-Service의 증권성

스테이킹은 암호학과 경제학을 기반으로 한 PoS 블록체인 네트워크의 보안을 유지하는 핵심 활동이다. 금전적 자산 Stake을 투입하고 이에 대한 보상 Reward이 발생한다는 점에서, 이 행위의 증권성 여부는 지속적인 논쟁 대상이 되어왔다. 특히 이더리움이 PoW에서 PoS로 전환된 이후 이 논의가 본격화되었으며, 최근에는 거래소 스테이킹, 리스테이킹, 보안 공유 Shared Security 등 다양한 파생 상품으로 확장되면서 암호화폐 업계와 규제 당국이 긴밀하게 협의해야 할 주요 쟁점으로 부상했다.

이러한 맥락에서 주목할 만한 사례가 2023년 2월 9일 SEC의 크라켄 Kraken 스테이킹 서비스에 대한 집행 조치다. 이에 대해 SEC 소속 헤스터 M. 피어스 Hester M. Peirce 위원은 즉각적으로 성명을 발표하여 이번 조치의 적절성에 의문을 제기했다.

피어스는 크라켄 스테이킹 프로그램의 증권 등록 필요성을 논하기에 앞서, 근본적으로 이 프로그램이 SEC에 증권으로 등록될 수 있는지 여부를 검토해야 한다고 지적했다. 현재 가상자산 관련 상품은 SEC의 등록 절차를 통과하기 어려운 실정이다. 특히 스테이킹 서비스의 경우, 프로그램 전체 등록 여부, 개별 토큰 스테이킹 프로그램의 독립적 등록 필요성, 필수 공시 사항, 회계적 영향 등 복잡한 문제들이 산적해 있으나, 이를 해결할 적절한 방법론이 부재한 상황이다.

크라켄 Kraken 등 각종 스테이킹 서비스는 그 형태가 서로 다르기

SEC의 크라켄 스테이킹 규제 조치

출처 https://www.sec.gov/newsroom/speeches-statements/peirce-statement-kraken-020923

때문에, SEC의 이번 크라켄 소송은 일회성 강제 집행 조치이자 일관성이 결여된 분석에 불과하다. 따라서 이를 다른 스테이킹 서비스에 일괄 적용하기는 어려울 것으로 보인다.

SEC는 스테이킹 프로그램의 존재를 오래전부터 인지하고 있었으므로, 관련 가이드라인을 마련하여 사업자들이 적법하게 운영할 수 있는 기반을 조성했어야 했다. 새로운 산업인 가상자산 분야에서 소송 등 강제 조치를 통해 규제 의도를 전달하는 것은 효율적이지도, 공정하지도 않기 때문이다.

SEC는 투자자에게 실질적 도움이 되는 가상자산 등록 절차를 개발하기 위한 공개적 논의 과정도 거치지 않은 채 프로그램을 중단시켰다. 이에 대해 헤스터 M. 피어스Hester M. Peirce 위원은 획일적 규제의 필요성과 암호화폐에 비판적인 규제 기관의 강제 집행이 최선의 방안인지에 대해 의문을 제기하며, 다소 유보적인 입장을 표명했다.

2025년 3월, 트럼프 정부 출범 직후 미국 증권거래위원회(SEC)는 크라켄을 상대로 한 소송을 기각했다. 이번 소송 기각은 별도의 처벌이나 크라켄 운영방식의 변경 요구 없이 이루어졌다. 또한 SEC는 크라켄뿐만 아니라 주요 암호화폐 기업들을 상대로 진행하던 법적 조치들 역시 잇따라 종결하고 있어, 미국 내 암호화폐 시장에 대한 규제 방향성이 점차 명확해지는 분위기다.

● 미국 입법부 : 「책임 있는 금융 혁신법」 등 발의

이전에도 미국 입법부는 블록체인 산업을 제도권에 안착시키기 위한 법제화 작업을 진행하고 있었다. 대표적으로 신시아 루미스 Cynthia Lummis 공화당 상원의원과 커스틴 질리브랜드 Kirsten Gillibrand 민주당 상원의원은 2022년 6월 7일 「책임 있는 금융 혁신법안 Responsible Financial Innovation Act」을 발의하였다.

이 법안은 디지털자산을 증권 security과 상품 commodity으로 구분하여, ① 증권인 경우에는 증권법 Securities Act of 1933 등이 적용되어 증권거래위원회 SEC가 관할하고, ② 상품인 경우에는 상품거래법 Commodity Exchange Act이 적용되어 상품선물거래위원회 CFTC가 관할하도록 정리하였다.

즉, 증권이 아닌 모든 대체 가능 fungible 디지털자산에 대한 배타적인 현물시장 관할권을 CFTC에 부여하고 있다. 또한 선물취급업자가 디지털자산을 취급하도록 하면서 고객보호 요건을 규정하고 있으며, 디지털자산 거래소들이 CFTC에 등록하도록 규정하였다.

한편, 상품과 증권의 중간영역으로서 '부수자산 ancillary assets' 개념을 도입하고, '부수자산'이 연 2회 SEC 공시 의무를 이행할 경우 '상품'으로 추정하도록 했다. 이 법안에서 규정한 '부수자산'은 완전히 탈중앙화되어 있지 않고 발행하는 주체의 관리와 노력에 따라 가치가 결정되지만, 회사의 자산이나 부채가 아니며, 회사에 대하여 수익 배분권, 청산 우선권, 기타 경제적인 권리를 요구하지 않아 증권에 해당하지 않는 자산을 의미한다.

이 법안은 디지털자산 제공자와 소비자 간 정보 불균형을 해소하고, 소비자가 정보에 기초하여 디지털자산을 다룰 수 있도록 디지털자산 제공자가 고객에게 계약 정보를 명확히 공개하도록 규정한다. 디지털자산 제공자는 파산 시 자산 처리 방법, 손실 위험, 적용 수수료, 상환 정보뿐만 아니라 디지털자산에 사용되는 소스코드 정보와 상품/증권 등 법적 취급에 관한 정보도 고객에게 제공해야 한다.

또한 이 법안은 소비자 보호 등을 위해 스테이블코인 규제를 강화하고 있다. 예를 들어, 스테이블코인 발행자는 스테이블코인을 뒷받침하는 100%의 준비금^{reserve}을 구비해야 하며, 준비금 구성 자산 유형 및 세부 공시 요건을 마련해야 한다. 스테이블코인 발행자는 스테이블코인 보유자의 스테이블코인을 법정화폐로 상환할 수 있는 능력을 갖추도록 요구받고 있어, 소비자 보호가 강화되고 있다.

한편, 미국 내 가상화폐^{virtual currency}에 관한 기존 과세 구조는 '포괄주의'에 따라 소득세를 부과하고 있다. 이를 과세하는 내용의 별도 입법 없이, 2014년 4월 국세청 지침^{IRS Notice 2014-21} 등을 통해 비트코인 등 법정화폐로 전환이 가능한 가상화폐^{convertible virtual currency}를 자산^{property}에 포함시켜 세금을 신고·납부하도록 했다.

미국은 가상화폐를 양도한 경우 다른 자본자산 처분과 마찬가지로 원칙적으로 자본이득세^{capital gain tax}를 부과하며, 자본이득세는 처분한 자산의 '보유기간'에 따라 과세표준과 세율을 달리 적용한다.

　이 법안은 디지털자산에 대한 새로운 과세 체계를 제시한다. 가상자산으로 상품 및 서비스를 구매하는 경우 거래당 200달러까지 면세하고, 채굴을 통해 얻은 이익은 현금화하기 전까지 과세하지 않도록 한다. 더불어, 탈중앙화 자율 조직Decentralized Autonomous Organizations, DAO을 납세 의무가 있는 사업체로 인정한다.

● 국내 규제 현안의 진행 현황 살펴보기

블록체인 기술의 역사와 발전에 비추어 보았을 때, 현재까지 가장 파급력 있는 사용례는 투자 분야라고 볼 수 있다. 블록체인 기술에 대한 진지한 관심도를 불문하고, 사람들은 돈이 될 수 있고 돈과 관련된 것에 모여들어 왔다. 이는 국내도 크게 다르지 않은데, 2015년부터 불기 시작한 ICO 광풍부터 2024년 현재의 가상자산 이용자보호법이 안착되기까지 국내 암호화폐 규제의 방향을 살펴보도록 하겠다.

　국내 규제는 ICO의 일절 차단으로 시작

2017년, 비트코인과 가상자산 거래소가 본격적으로 국내 시장에서 알려지기 시작할 무렵, 투기적 목적으로 ICO에 돈을 투자하는 사람들을 노리는 사기꾼들도 양산되었다. 그럴듯한 블록체인 프로젝트를 표방하며 ICO를 통하여 자금을 조달하고 도망치거나, 잠시 운영한 후 포기하는 사례가 빈번히 발생했다. 이를 방지하기 위해 가장 먼저 대처한 것은 미국 정부였다. ICO가 활성화되는 와중에 2017년 7월 'The DAO' 사건이 발생하자, 자국 국민을 대상으로 한 모든 ICO

를 SEC증권거래위원회의 관리감독 하에 운영하도록 했다.

2017년경은 여러 암호화폐의 가격이 폭등하여 투자자들에게 막대한 부를 안겨 주기도 하였으며, 이후 암호화폐 가격의 큰 변동성은 투기 성향의 투자자들을 다수 유입시켰다. 암호화폐 가격이 폭등하기 위해서는 해당 암호화폐가 먼저 탄생해야 하며, 투자자들이 ICO^Initial Coin Offering를 통해 투자하거나 중앙화 또는 탈중앙화 거래소에서 2차 거래를 통해 취득하는 과정이 필요하다. 이 과정에서 일부 대중들이 블록체인 기술 기반 코인의 ICO로 큰 수익을 올린 사례를 보고, 이를 기회 삼아 앞다투어 투자하려는 투기적 성격의 개인 투자자 및 기관 자금이 대거 유입되었다.

이어서 대한민국 금융위원회는 2017년 9월 29일 디지털 토큰을 발행하여 투자금을 가상통화 등으로 조달하는 모든 형태의 ICO를 금지[16]한다고 천명하였다. 투자자들이 ICO 과정에서 러그풀^Rug-pull 프로젝트로 큰 경제적 피해를 입는 사례가 증가하고, 이에 대한 사전적 보호 시스템이나 장치가 제대로 갖추어지지 않았다고 판단했기 때문이었다.

금융위의 ICO 전면 금지령 이후, 대한민국 행정부 국무조정실도 2017년 12월 28일경 '가상통화 투기 근절을 위한 특별대책[17]'을 공표하여 규제의 범위와 수단을 강화했다. 나아가 당시 법무부는 암호화폐 투기에 단호히 대처하기 위해 암호화폐 거래소 폐쇄를 위한 특별법 제정을 건의하였으며, 블록체인 등 기반 기술의 발전은

---

16   다만, 대한민국 금융위원회는 '행정지도' 수준으로 ICO를 금지하고 있어, 향후 신속한 입법을 통해 법적 구속력이 있는 법률로써 ICO를 규제하는 것이 타당할 것으로 보인다.

지속적으로 도모해 갈 것이라고 밝히기도 하였다.

2018년 1월, 일명 박상기의 난

국무조정실의 '가상통화 투기 근절을 위한 특별대책'의 마지막 제4항에서 법무부의 암호화폐 거래소 폐쇄를 위한 특별법이 언급되었다. 당시 법무부 장관이었던 박상기 장관은 이 특별대책 발표 직후인 2018년 1월 11일 기자 간담회를 열어 해당 내용을 언론에 공식 발표했다.

박 장관은 이 자리에서 "가상화폐는 도박에 해당하므로, 가상화폐 거래소를 통한 거래를 금지하는 법안을 준비 중이며, 거래소 폐쇄까지 목표로 하고 있다"는 취지의 입장을 밝혔다. 당시 대한민국 정부는 암호화폐로 인한 피해가 확산되는 상황을 더 이상 방관하기 어렵다고 판단했으며, 이에 대한 체계적인 법안을 신속히 마련하는 것이 현실적으로 어려워 산업 자체를 억제하는 방향으로 대응책을 마련한 것으로 보였다.

한 기자가 '가상화폐를 사실상 투기나 도박으로 규정하는 근거가 무엇인지'를 묻자, 박 장관은 "가상화폐 거래가 투기, 도박과 비슷

---

17 (1) 암호화폐 거래에 대해 거래실명제를 추진하며, 가상화폐 거래소에 대한 가상계좌 신규 발급을 즉시 전면 중단했다. (2) 은행권 공동으로 암호화폐 거래소의 지급결제서비스 운영 현황을 전면 점검하도록 하고, 정부의 긴급대책을 따르지 않는 가상통화 거래소에 대해서는 금융서비스를 배제했다. (3) 정부는 은행의 자금세탁 방지 의무를 강화했다. 가상통화 거래소의 실명거래방식이 확립되기 전까지는 은행이 거래소를 식별·특별관리할 수 있도록 고객 확인을 강화하고, 의심거래에 대한 모니터링을 강화하도록 했다. (4) 정부는 가상통화와 관련한 온라인 광고 규제도 시행하였다. 공정거래위원회는 주요 가상통화 거래소 4개 업체가 제출한 이용약관을 중심으로 불공정약관 사용 여부를 검토하고, 조사 가능한 모든 가상통화 거래소를 대상으로 직권조사를 확대 실시했다.

박상기 전 장관의 발언

출처 : YTN

한 양상으로 이루어지고 있다"며, "어떤 상품 거래의 급등락과 비교했을 때 완전히 다른 차원으로 '김치 프리미엄'이 언론에 등장하는 것도 한국 거래가 비정상적이라는 해외의 평가를 반영한 것"이라는 의견을 제시했다.

법무부 차원에서 암호화폐 거래소 폐쇄를 위한 특별법 제정을 추진한다는 이 발표는 암호화폐 전반에 대한 부정적 신호로 투자자들에게 인식될 수밖에 없었다. 이로 인해 당시 비트코인 가격은 약 2,100만 원에서 약 1,400만 원으로 급락하였다.

억제한다고 억제되지 않는 인간의 탐욕

앞서 살펴본 바와 같이, 대한민국 금융위원회는 2017년 9월 29일 디지털 토큰을 발행하여 투자금을 가상통화 등으로 조달하는 모든 형태의 ICO를 금지한다고 천명했다. 과연 대한민국 회사나 투자자들이 얼마나 이를 준수했는지 궁금하지 않은가?

대한민국 정부도 이러한 점에 관심을 갖고 ICO 관련 산업계의 실태를 파악하고자 했으며, 그 결과 금융감독원이 2019년 1월 31일 ICO 실태 조사[18]를 발표했다.

발표 결과는 상당히 흥미로웠다. 국내에 소재하는 '개발회사' 22사 중 16사는 최근 5년 이내에 설립되었고, 이 중 7사는 블록체인 프로젝트 추진을 위해 2017년 이후 설립되었다. 국내 개발회사는 프로젝트 개발, 백서 작성, 투자자 홍보(온라인 홍보, 밋업meet-up 등) 등 제반 업무를 대부분 담당했다.

'발행회사(해외 ICO법인)'는 2017~2018년 중 개발회사가 ICO 규제가 약한 싱가포르(10사), 스위스(3사) 등에 주로 유한회사나 재단 형태로 설립했다. 대부분 자본금이 1천만 원 미만(4개 회사는 1달러에 불과)이고, 임직원 수는 3명 내외로 개발회사 임원이 비상근으로 겸직하고 있었다. 해외 발행회사는 ICO 진행을 위한 목적으로만 설립된 페이퍼컴퍼니로 보이며, 다른 업무는 없는 것으로 추정되었다.

개발회사와 발행회사와의 관계는, 국내 개발회사 또는 개발회사의 최대주주가 소액을 출자하여 해외에 발행회사(ICO법인)를 설립하는 방식이 전형적이었다. 또 회사들의 답변서 내용 등에 의하면, ICO로 모집한 가상화폐(이더리움 등)는 발행회사 명의로 보관하거나 환전하여 국내 개발회사로 송금하였다.

이와 같은 구조의 ICO들은 가상통화 가격 상승 및 거래가 급증

18 본 실태조사는 국내 기업이 해외에서 우회하여 실시한 ICO 사례를 분석하고 정부 대응방안을 수립하기 위해 실시되었다. 금융감독원은 국내 기업의 임의 협조에 따른 답변서 징구, 백서·홍보자료 점검 등을 토대로 2018년 9월부터 11월까지 3개월간 22개 기업에 대한 실태 점검을 진행했다.

한 2017년 하반기 이후 모두 진행되었다. 조사된 ICO 조달금액의 평균은 ICO 완료 시점을 기준으로 약 333억 원이었다. 구체적으로 300억 원 이상은 4개 사, 100억 원에서 300억 원 사이는 8개 사, 100억 원 미만이 5개 사였다. 한편, 2018년 말 기준 18개 사의 신규 가상통화 가격은 평균 67.7% 하락했으며, 80~100% 하락한 프로젝트도 8개에 달했다.

하락율	△10~30%	△40~60%	△60~80%	△80~100%
회사수	3사	3사	4사	8사

금융감독원은 위와 같은 실태 조사를 통하여 형식만 해외 ICO인 경우가 대다수이며, 정보의 투명성이 결여됨과 동시에 실제 유동화 토큰 발행 및 거래와 같은 행위가 자본시장법을 위반할 소지가 다분한 것으로 판단하였다. 결국 국내 시장에서 ICO가 금지되자 표면적으로만 해외 ICO로 위장하여 국내 거래소에 재상장하는 기형적 구조가 형성된 것이다.

먼저, 형식만 해외 ICO 구조인 경우가 대부분이었다. 개발 회사가 국내 ICO 금지 방침과 규제를 피하기 위해 해외에 서류상 회사페이퍼 컴퍼니를 설립하여 형식적으로만 해외 ICO 구조로 진행한 것으로 보였다.

둘째, ICO 관련 정보가 투명하게 공개되지 않았다. 특히 개발 회사(대부분 소규모 신설 법인)와 개발진의 프로필 등에 관한 정보가 불투명했으며, 프로젝트 내용이 지나치게 난해하고 진행 과정도 불투명했다. 또한 ICO 모집 자금 사용 내역을 공개하지 않는 등 자금 집행이 투명하게 이루어지지 않았다.

셋째, 플랫폼 상 P2P 대출 유동화 토큰 발행 및 거래, 가상 통화 투자 펀드 판매, 증권에 해당하는 ICO 토큰(코인) 투자 서비스를 제공하는 프로젝트를 진행하는 경우 자본시장법 위반(무인가 금융투자업 영위)에 해당한다. 또한 잠재적 플랫폼 참여자나 ICO 토큰 가치 등 중요 사항을 과장하여 광고하는 경우 형법상 사기죄에 해당할 가능성이 높으므로, 일부 프로젝트는 현행법 위반 소지가 다분한 것으로 판단되었다.

인간의 탐욕은 억제하기 어렵고 단순히 금지한다고 해결되지 않는다. 이는 대한민국 정부의 실태 조사를 통해 확인되었다. 민간 영역에서 ICO를 금지하더라도 우회적으로 ICO가 진행되고 있다는 사실이 대외적으로 발표된 것이다. 단순한 억지책으로 규제하기보다는 해당 산업이 대한민국에서도 건전하게 정착할 수 있도록 법제화가 필요한 이유가 바로 여기에 있다.

특정금융정보법과 가상자산 이용자 보호법 : 본격적 규제권 도입

국내외 암호화폐 거래는 익명성이 높아 자금세탁 및 공중협박자금 조달의 위험성이 높았음에도 불구하고, 2020년경 당시 그 위험성을 예방하기 위한 법적·제도적 장치가 마련되어 있지 않았다. 이에 G20 정상회의와 자금세탁방지기구^{FATF, Financial Action Task Force} 등 국제기구는 자금세탁방지 및 공중협박자금 조달 금지를 위한 국제기준을 제정하고, 대한민국을 비롯한 회원국들에게 이를 이행할 것을 지속적으로 요구했다.

이러한 요구에 따라 대한민국 입법부는 가상자산사업자에게 금융회사와 동일하게 자금세탁행위 및 공중협박자금조달행위의 효율적 방지를 위한 의무를 부과하고, 금융회사 등이 가상자산사업자와 금융거래를 수행할 때 준수할 사항을 규정하기 위하여 '특정 금융거래정보의 보고 및 이용 등에 관한 법률'(이하 '특정금융정보법')을 2020년 3월 24일 공포하였고, 1년 뒤인 2021년 3월 25일에 시행했다.

개정된 특정금융정보법[19]은 가상자산사업자를 포함한 금융회사 등에게 의심스러운 거래나 고액 현금거래 보고, 고객 확인, 자금세탁방지 관련 내부 업무절차 정비 등의 의무를 부과하는 법률이며, 금융정보분석원FIU, Financial Intelligence Unit의 설립 근거가 되는 기능도 수행한다. 특히 이 개정안은 '가상자산'의 범위를 "경제적 가치를 지닌 것으로서 전자적으로 거래 또는 이전될 수 있는 전자적 증표(그에 관한 일체의 권리 포함)"라고 정의함으로써, 국가적 차원에서 암호화폐를 정의하고 제도권 내로 포섭하는 의미 있는 진전을 보여주었다.

가상자산 이용자 보호법 제정

특정 금융정보법 개정안이 2021년 3월 25일 시행됨으로써 가상자산사업자에 대한 신고제가 도입되고, 자금세탁방지 의무, 고객별

---

19 특정금융정보법 개정안은 가상자산사업자를 "① 가상자산의 매도·매수, ② 가상자산의 다른 가상자산과의 교환, ③ 가상자산의 이전, ④ 가상자산의 보관·관리, ⑤ 가상자산의 매도, 매수 및 교환의 중개·알선 또는 대행, ⑥ 그 밖에 가상자산과 관련하여 자금세탁행위와 공중협박자금조달행위에 이용될 가능성이 높은 것으로서 대통령령이 정하는 행위를 영업으로 하는 자"라고 규정하였다. 또한 기존 '금융회사'의 정의에 가상자산사업자를 포괄하여 '금융회사 등'이라고 정의한 후, 기존 금융회사의 자금세탁방지 등에 관한 의무를 가상자산사업자에게도 동일하게 부과하였다. 이를 통해 가상자산사업자는 특정금융정보법 개정안에 따라 기존 금융회사들이 이행하던 a) 실명계정 확보 의무, b) 고객확인, 의심거래보고 등 자금세탁방지 의무, c) 가상자산 이전 시 관련 정보를 가상자산 수취인에게 제공하는 의무(소위 "트래블 룰") 등을 준수해야 한다.

거래내역 분리보관, 예치금의 분리보관의무 등이 규정되었다. 그러나 이는 가상자산사업자들에 대한 규율에 초점을 맞추고 있어 가상자산 이용자 보호 측면에서는 다소 미흡한 점이 관찰되었다.

2022년에는 블록체인 산업계가 큰 위기를 맞으며 암호화폐 이용자들이 막대한 손해를 입는 사건들이 연이어 발생했다. 테라폼랩스가 운영하던 앵커 프로토콜과 이어진 루나의 폭락, 그리고 미국 중앙화 거래소인 FTX의 파산으로 인해 많은 암호화폐 투자자들은 회복하기 어려운 손실을 입게 되었다.

이러한 상황에서 대한민국 국회는 2022년 11월경 가상자산 이용자 보호에 중점을 둔 1단계 규율체계를 우선 마련하기로 했다. 가상자산의 발행·상장·공시 및 가상자산사업자의 진입·영업행위 등에 대한 2단계 규제는 추후 국제 논의 동향을 반영하여 마련하기로 하는 점진적·단계적 입법 방안에 공감대를 형성했다. 이후 2023년 5월 11일 국회 정무위원회에서 국회에 계류 중이던 가상자산 관련 법안 19건을 통합·조정한 대안으로서 '가상자산 이용자 보호 등에 관한 법률'이 2023년 7월 18일 제정되었으며, 이로부터 1년 뒤인 2024년 7월 19일 시행되었다.

가상자산 이용자 보호법은 ① 가상자산 이용자의 자산 보호, ② 가상자산시장의 불공정거래행위 금지, ③ 가상자산시장 및 사업자에 대한 금융 당국의 감독 및 제재 권한 등을 순차적으로 규정하고 있다.

① 불공정거래행위의 정의와 처벌

먼저 가상자산 이용자가 가장 많은 관심을 보이는 부분은 '가상자산시장의 불공정 거래 행위'일 것이다. 이용자는 자신의 가상자산 거래 행위가 불공정 거래 행위에 해당할 수 있는 위험성[20]을 미리 인지하고, 관련 법규를 준수해야 하기 때문이다. 해당 법률 제10조에 따르면, 미공개 중요 정보 이용 행위, 사기적 부정 거래, 시세 조종 행위 등 각종 불공정 거래 행위를 해서는 안 된다. 이 중요한 조항을 참고할 수 있도록 구체적인 법조문을 아래에 발췌하여 첨부하였다(다만, 일부 조항과 괄호 문구는 생략함).

가상자산이용자보호법 제10조(불공정거래행위 등 금지)

① 다음 각 호의 어느 하나에 해당하는 자는 가상자산에 관한 미공개중요정보를 해당 가상자산의 매매, 그 밖의 거래에 이용하거나 타인에게 이용하게 하여서는 아니 된다.

1. 가상자산사업자, 가상자산을 발행하는 자 및 그 임직원·대리인으로서 그 직무와 관련하여 미공개중요정보를 알게 된 자
2. 제1호의 자가 법인인 경우 주요주주로서 그 권리를 행사하는 과정에서 미공개중요정보를 알게 된 자
3. 가상자산사업자 또는 가상자산을 발행하는 자에 대하여 법령에 따른 허가·인가·지도·감독, 그 밖의 권한을 가지는 자로서 그 권한을 행사하는 과정에서 미공개중요정보를 알게 된 자
4. 가상자산사업자 또는 가상자산을 발행하는 자와 계약을 체결하고 있거나 체결을 교섭하고 있는 자로서 그 계약을 체결·교섭 또는 이행하는 과정에서 미공개중요정보를 알게 된 자

---

20 가상자산이용자가 불공정거래행위를 자행하여 위 법을 위반하는 경우 1년 이상의 유기징역 또는 부당이득액의 3배 이상 5배 이하에 상당하는 벌금형에 처해질 수 있으며, 나아가 위 부당이득이 50억 원 이상인 경우에는 최대 무기징역에 처해질 수도 있다.

5. (생략)

6. 제1호부터 제5호까지의 어느 하나에 해당하는 자로부터
   미공개중요정보를 받은 자

7. (생략)

② 누구든지 가상자산의 매매에 관하여 그 매매가 성황을 이루고 있는 듯이 잘못 알게 하거나, 그 밖에 타인에게 그릇된 판단을 하게 할 목적으로 다음 각 호의 어느 하나에 해당하는 행위를 하여서는 아니 된다.

1. 자기가 매도하는 것과 같은 시기에 그와 같은 가격으로 타인이
   가상자산을 매수할 것을 사전에 그 자와 서로 짠 후 매매를 하는 행위

2. 자기가 매수하는 것과 같은 시기에 그와 같은 가격으로 타인이
   가상자산을 매도할 것을 사전에 그 자와 서로 짠 후 매매를 하는 행위

3. 가상자산의 매매를 할 때 그 권리의 이전을 목적으로 하지 아니하는
   거짓으로 꾸민 매매를 하는 행위

4. 제1호부터 제3호까지의 행위를 위탁하거나 수탁하는 행위

③ 누구든지 가상자산의 매매를 유인할 목적으로 가상자산의 매매가 성황을 이루고 있는 듯이 잘못 알게 하거나 그 시세를 변동 또는 고정시키는 매매 또는 그 위탁이나 수탁을 하는 행위를 하여서는 아니 된다.

④ 누구든지 가상자산의 매매, 그 밖의 거래와 관련하여 다음 각 호의 행위를 하여서는 아니 된다.

1. 부정한 수단, 계획 또는 기교를 사용하는 행위

2. 중요사항에 관하여 거짓의 기재 또는 표시를 하거나 타인에게
   오해를 유발시키지 아니하기 위하여 필요한 중요사항의 기재 또는
   표시가 누락된 문서, 그 밖의 기재 또는 표시를 사용하여 금전, 그

밖의 재산상의 이익을 얻고자 하는 행위

3. 가상자산의 매매, 그 밖의 거래를 유인할 목적으로 거짓의 시세를
   이용하는 행위

4. 제1호부터 제3호까지의 행위를 위탁하거나 수탁하는 행위 (후략)

② 이용자의 자산 보호에 관하여

가상자산이용자보호법에 따르면, 가상자산사업자는 이용자의 자산인 예치금과 가상자산을 안전하게 보호할 의무가 있다. 예치금은 이용자가 가상자산을 매매하기 위하여 가상자산거래소 등 가상자산사업자에게 맡긴 금원이므로, 가상자산사업자는 이를 공신력 있는 기관인 은행이 관리하도록 했다. 가상자산의 경우에는 경제적 가치의 80% 이상을 인터넷과 분리하여 이른바 '콜드 월렛Cold Wallet' 등에 안전하게 보관해야 한다. 여기에 더해 가상자산의 경제적 가치의 5% 이상에 해당하는 금액을 '보상한도'로 설정하여 보험이나 공제에 가입하거나 준비금을 적립하는 등의 조치를 취할 의무가 생겼다.

앞서 살펴본 인터넷과 분리된 가상자산을 제외한 이른바 '핫 월렛Hot Wallet'에 예치된 가상자산의 경제적 가치의 5% 이상에 해당하는 금액을 '보상한도'로 설정하여 보험이나 공제에 가입하거나 준비금을 적립하는 등의 조치를 취할 의무가 있다. 다만, 일부 가상자산사업자의 예치 금액이 과소하여 위 '보상한도'가 너무 낮은 경우에는 책임 이행을 위한 실효성 확보가 어려우므로, 원화마켓 거래소는 최소 30억 원, 코인마켓 거래소, 지갑 및 보관업자 등은 최소 5억 원을 보상한도로 하도록 지정하였다.

③ 금융 당국의 감독 및 제재권한

가상자산이용자보호법은 금융위원회가 1) 가상자산사업자에 대한 감독·검사 및 2) 불공정거래행위에 대한 조사·조치를 할 수 있는 권한을 규정하였다. 이 법 시행령에 따르면, 금융위원회는 가상자산사업자가 해당 법을 준수하는지 여부를 감독하며, 가상자산사업자의 업무와 재산 상황에 관한 검사를 금융감독원에 위탁한다.

금융위원회와 금융감독원은 앞서 살펴본 각종 불공정거래행위를 저지른 것으로 위반 혐의가 있는 자 및 관계자에 대하여 자료 제출 및 진술 요구 등을 통하여 조사할 권한이 있다. 이러한 조사 결과 가상자산이용자보호법을 위반한 것으로 판단되는 경우, 금융위원회는 고발 또는 수사기관 통보, 가상자산사업자에 대하여는 영업정지, 시정명령 등의 조치를 취할 수 있다.

입법 방향성에 비추어 본 가상자산의 지위

자본시장과 금융투자업에 관한 법률(이하 '자본시장법')은 우리가 상대적으로 친숙한 주식 거래에 관하여 미공개 중요정보 이용, 사기적 부정거래, 시세조종 등 불공정거래행위를 금지하고 있다. 가상자산 거래도 전통 금융과 유사하게 불공정거래행위를 제한함으로써 점차 제도권에 편입될 수 있는 제도적 발판이 마련된 것으로 보인다.

한편, 가상자산이용자보호법은 자본시장법과 달리, 가상자산사업자들에게 증권사, 은행 등 제도권 금융에 비하여 자본 규모나 업계 성숙도를 고려해 가상자산이용자들을 한층 두텁게 보호하기 위한 장치를 마련했다. 구체적으로 일정 금액을 보상 한도로 보험 또는 공제에 가입하거나 준비금을 적립하는 의무를 부여한 것으로 판단된다.

대한민국은 가상자산사업자와 가상자산이용자에 대한 법령을 속도감 있게 발전시키고 있다. 다만, 이러한 법규가 단지 가상자산 산업계의 자율과 발전을 제약하는 방향으로만 강조되는 것은 바람직하지 않다. 전통 금융과 더불어 가상자산도 제도권에 안정적으로 정착하여 활성화 및 발전을 도모할 수 있어야 할 것이다.

특히 가상자산사업은 전 세계적으로 영위할 수 있는 사업이므로, 대한민국이 가상자산 업계에 제도적으로나 행정적으로 적대적으로만 접근한다면 해당 산업의 불모지가 될 수 있다는 점을 주지해야 한다.

• 소결론 : 가상자산의 제도권 내 안정적인 안착 필요

결국 가상자산 분야는 새로운 금융으로서 제도화되어 안정적으로 포섭되어야 한다. 특히 암호화폐가 전통 금융에 비해 매우 짧은 역사를 가지고 급격하게 등장했다는 점을 고려할 때 이러한 필요성은 더욱 부각된다.

법률과 제도가 정비되기 전에 많은 자본과 유동성이 공급되면서, 건설적이고 긍정적으로 생태계가 구축된 사례도 있지만, 부정한 방법으로 자본을 집중하는 등의 불법행위도 다수 발생했으며, 이로 인해 투자자들은 피해에 무방비로 노출되었다. 가상자산 투자로 수익을 얻은 '성공한' 투자자들의 부가 크다는 사실은 그 이면에 손해를 본 투자자들의 경제적 피해도 막대하다는 의미이다.

장기적으로 가상자산 분야가 성숙하려면 기존 자본시장과 마찬가지로, 가상자산 업계도 자본시장법에 준하는 투자자 보호를 위한 적절한 제도와 장치들을 구축해야 한다. 대한민국은 앞서 살펴

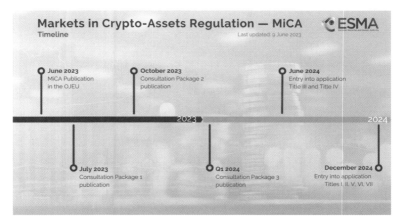

출처 : https://www.esma.europa.eu/sites/default/files/inline-images/MiCA_Implementation_timeline_0.png

본 '가상자산 이용자 보호법'을 제정하였으며, 유럽은 2022년 6월 MiCA^{Markets in Crypto Assets}를 제정하여 2024년 말까지 구체화하고 있다. 미국 또한 FIT 21^{Financial Innovation and Technology in the 21st Century}을 하원에서 통과시키며 암호화폐에 대한 입법을 더욱 구체화할 전망이다.

어떤 문제를 해결하기 위해서는 자신이 바꿀 수 없는 것과 바꿀 수 있는 것을 구별해야 한다. 우리는 경제적 이익을 좇는 인간의 욕망을 없앨 수 없다. 그렇다면 각국 정부와 산업계는 바꿀 수 있는 부분인 입법과 업계 관행을 건전하게 확립하고, 가상자산 산업을 억제해야 할 대상이 아닌 전통 금융과 상생해야 할 한 분야로 인식하는 것이 바람직하다.

규제 이후 달라질 미래

규제는 블록체인의 사회적 합의를 담당하는 마지막 한 조각

지금까지 기술의 확장과 기존 권리 관계의 도입 과정에서 나타날 블록체인 관련 규제 이슈 및 현황에 대해 알아봤다. 먼저 기술의 확장으로 인해 발생하는 주요 규제 쟁점을, 이어서는 권리관계가 블록체인을 포괄하여 새롭게 정립되어야 하는 주요 현안들을 살펴봤다.

이렇게 법적 인프라가 구축되고 불확실성이 해소되면, 자금력을 보유한 주요 주체들의 시장 참여가 이루어질 수 있는 여건이 마련된다. 이는 암호화폐 시장 전체 규모의 확대와 시장을 통한 자금 조달을 가능하게 한다. 그간 규제로 억눌려 있던 암호화폐 업계가 규제라는 신뢰 혁명의 보완책과 함께 완성되는 것이다.

규제로 완성된 전기차 시장

이를 증명하는 대표적인 사례 중 하나가 전기차 시장이다. 2006년 테슬라 로드스터 같은 기술적 돌파구가 전기차 시장의 포문을 열었지만, 규제 및 인프라 지원의 부재로 전기차의 보급은 먼 이야기가 됐다. 예를 들어, 전기차 충전소 하나를 설립하고 운영하는 데 착수 금액 기준으로는 1만 달러에서 5만 달러 정도가 소요되며, 매년 전기 이용료와 운영비를 포함하면 연간 운영액은 약 2만 달러에 이른다. 미국과 같이 보급이 필요한 면적이 넓은 국가에서는 보조금이나 정책 지원 없이 민간 기업이 운영하기에 부담스러운 규모인 것이다.

전환점은 2020년대에 여러 국가들이 전기차 보급을 지원하기

위해 강력한 규제 체계와 인센티브[21]를 도입하면서 찾아왔다. 법안 의결 이후 투자된 금액만 70억 달러가 넘고, 전기차는 테슬라를 시작으로 대형 제조사 및 중국의 저가 전기차 기업까지 앞다투어 신모델을 내놓고 있다. 2023년 기준 전기차 판매량은 대략 1,400만 대로, 금액으로 환산하면 5,600억 달러의 매출을 달성했다.

이 외에도 1990년대 후반부터 진행된 통신 규약(프로토콜) 전쟁과 이후 눈부시게 발전한 인터넷 경제, 1910년 증권법 Securities Act 의 안착 이후 안정적으로 성장한 미국 금융 시스템 등 '눌린 스프링' 효과를 보여주는 다양한 선례가 많다.

트럼프 당선과 함께 가속화될 제도 편입

2025년 1월 21일, 트럼프의 재집권과 함께 미국 의회와 행정부가 암호화폐 관련 법·제도 마련에 본격적으로 나설 전망이다. 대표적으로 디지털 자산의 '증권성' 여부를 판단하고 스테이블코인과 같은 '디지털 상품'에 대한 CFTC의 규제 권한을 명시한 FIT21[22], 그리고 암호화폐 수탁 기관에 기존보다 훨씬 엄격한 기준을 요구하는 SAB121[23]의 폐지 논의가 예상된다.

이미 트럼프 당선인은 "미국을 가상자산의 선도 국가로 만들겠다"는 공약뿐만 아니라, 가족 사업으로 월드 리버티 파이낸셜을 출

---

21 유럽 연합의 이산화탄소 배출 규제, 중국의 신에너지차(NEV) 의무제, 캘리포니아주의 무공해차(ZEV) 의무제 등이 주요 정책에 해당한다.
22 FIT21(Financial Innovation and Technology for the 21st Century Act) : 디지털 자산이 증권인지 상품인지를 규정하는 기준을 제시하며, 스테이블코인과 같은 '디지털 상품'에 대해 SEC가 아닌 CFTC(미국 상품거래위원회)가 독점적 규제 권한을 갖도록 함

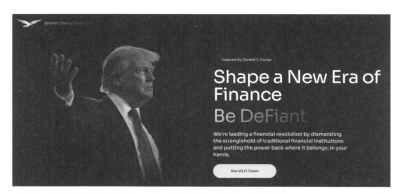

트럼프 당선인을 전면에 내걸고 토큰 세일 한 월드 리버티 파이낸셜(World Liberty Financial)

출처 : 월드 리버티 파이낸셜 웹사이트

범하며 암호화폐 대출·차입 서비스를 직접 육성하겠다는 의지를 드러냈다. 이는 과거 전기차 시장이 규제 확립과 정부 지원을 계기로 대규모 투자와 인프라 구축을 촉진한 것처럼, '눌린 스프링'으로 비유되는 암호화폐 산업 역시 제도적 불확실성 해소와 함께 폭발적 성장을 이룰 것임을 시사한다. 이처럼 법적·제도적 인프라, 즉 신뢰 혁명의 과도기적 보완책인 규제가 안착되면, 그 위에서 피어날 애플리케이션들이 신뢰 비용의 감소를 이끌어 낼 것이다.

---

23 SAB121(Staff Accounting Bulletin No.121) : SEC(미국 증권거래위원회)가 발표한 암호화폐 수탁 기관 회계지침으로, 해당 기관이 고객 자산을 자산·부채 항목에 모두 계상하도록 요구함. 업계에서는 지나치게 가혹한 규제로 평가받고 있으며, 미상원에서 폐지안을 통과시켰으나 바이든 대통령이 거부권을 행사하여 부결된 바 있음

Part III

블록체인의
실제 활용

6장

From Payment to NFTs

:진짜 사례로 보는 블록체인

결제·송금 혁신 : 비트코인과 스테이블코인

비상 상황 — 전쟁이 발생했다. 고국을 떠나 다른 나라로 피난해야 하는데, 은행 계좌는 먹통이 되고 현금조차 쓸모가 없다면 어떻게 할까? 2022년, 우크라이나 난민 '페이디Fadey'라는 가명의 인물은 CNBC 인터뷰에서 이렇게 밝혔다.

"도피 당시 ATM마다 긴 대기줄이 생겨 현금을 전혀 출금할 수 없었습니다. 그래서 평생 저축했던 자금의 40% 가량을 비트코인으로 환전해 USB 드라이브에 저장하고, 시드 문구seed phrase를 종이에 적어 우크라이나에서 탈출했어요."

비트코인은 국가 권력이 없어도 가치를 유지할 수 있는 수단이 되었고, 긴급 상황에서도 종잇조각(비밀키)만 있으면 본인의 재산권을 지킬 수 있었다.

미래의 블록체인, 일상이 되다

이처럼 특정 극단적 상황에서 유용한 사례 외에도, 블록체인이 일상에 스며드는 미래를 상상해볼 수 있다. 이미 '웹3', 'NFT', '블록체인' 같은 키워드가 별도 테마로 거론되지만, 언젠가는 다른 산업·제품과 자연스럽게 융합될 것이다. 투자 목적 외에도, 사용자들은 자신의 철학이나 가치관에 맞는 프로젝트 토큰을 보유하며 거버넌스에 참여할 수 있다.

앞으로 우리가 인터넷 기술을 "늘 쓰면서도 의식하지 않는" 것처럼, 블록체인도 "쓰고 있긴 하지만 별도로 인식하지 않는" 시대가 올지도 모른다Mass Adoption. 이를 위해 블록체인 업계(웹3)가 자체적으로 기술적 문제를 해결해나가는 방식과, 기존 기업(웹2)에서 블록

213

체인을 이식하는 방식 — 두 접근이 동시에 이루어지고 있다. 지금까지는 블록체인의 신뢰 레이어, 토큰 경제, 탈중앙 거버넌스, 규제 등을 다각도로 살펴보았다. 그렇다면 블록체인은 실제 어떤 사례로 활용되고 있으며, 어떤 문제를 해결하고자 하는가?

• 지급결제망 : 비트코인

환전을 하거나 대출을 받기 위해 은행을 찾았지만 16시가 지났다는 이유로 내려간 은행 셔터문만 하염없이 바라본 경험이 있는가? 학생들의 하교 시간이 16시 이후인 경우도 많고, 직장인들이라면 밀린 업무 때문에 한창 바쁠 시간대가 16시다. 일부 은행에서 오후 6시까지 창구 업무를 지원하는 '9 To 6 Bank'를 선보이며 금융 소비자의 관심을 받고는 있지만, 여전히 그 수는 제한적이고 특히 지방으로 갈수록 창구에 대한 접근성은 떨어지고 있다. 왜 은행은 16시만 되면 문을 닫는 것일까?

은행 문이 닫히면, 행원들의 내부 정산 업무가 시작된다. 바로 정산, 시재 관련 업무이다. 은행을 방문하여 예금, 대출, 환전, 금융 상품 가입 등을 하는 금융 소비자들이 은행에서 빠져나간 뒤 하루 동안 발생한 현금 흐름을 정리해서 장부상의 돈과 실제 남아있는 돈을 비교하는 작업을 해야 한다. 전산망 기록에 따라 남아있어야 하는 현금과 실제 남아있는 현금이 동일하다면 문제가 되지 않지만, 괴리가 발생하면 어디서 누락이 되거나 오류가 발생했는지 찾아야 한다. 해당 업무를 금융 소비자들이 창구에 방문했을 때도 진행한다면, 새롭게 고객들이 창구에서 예금 입금, 인출 등을 할 때마다 정산 업무를 다시 해야 하는 수고로움이 발생한다. 결국 은행은 4시에는 창구 문을 닫고 정산 업무를 시작해야 하루 일과를 마무리

214

할 수 있는 것이다.

이처럼 거래 시점과 정산의 시점 사이 괴리가 발생하는 상황은 은행 외에도 발생하는데, 대표적인 예가 바로 주식시장이다. 증권사 애플리케이션을 통해 주식을 거래해본 사람이라면 예수금, T+1, T+2 등의 용어를 본 적이 있을 것이다. 주식시장에서는 내가 어떤 주식을 매도했다 하더라도 매도에 따른 대금이 즉각적으로 내 통장에 입금되지 않고 거래일로부터 2영업일을 기다려야만 한다. 이는 한국거래소에서 청산 업무를, 한국예탁결제원에서 결제 업무를 마무리한 이후 대금 지급 등의 업무를 완료해야 하기 때문이다. 즉, 결제 주기를 T+2로 설정하여 그 안에 거래-청산-결제를 완료함으로써 혹시 모를 청산결제 리스크를 방지하고자 한 것이다. 이처럼 은행의 창구가 일찍 닫는 것이나, 주식시장의 거래와 청산 및 결제 사이에 일정 기간을 부여하는 관행은 대한민국뿐 아니라 미국, 일본 등 많은 나라에서도 유사한 방식을 채택하고 있다.

이와 같이 거래 시점과 청산·결제 시점을 분리하는 이유는 금융 서비스에 대한 신뢰를 유지하려는 목적이 크다. 만약 은행에 예금했는데 통장에 반영이 안 된다면, 혹은 주식을 매도했는데 체결 기록이 사라진다면, 사람들은 은행이나 증권사를 신뢰하지 못하고 뱅크런이 일어날 수 있다. 금융 서비스에서는 사소한 오류 하나도 시스템 전체 신뢰도에 치명적인 영향을 미친다. 우리가 불편함을 느끼는 몇 번의 대비책과 지연 주기는 이러한 우려에 대한 시행착오에서 비롯된 것이다. 그렇다면 이렇게 선진국조차 금융 업무가 불편하고 느린데, 금융 인프라가 다소 열악한 국가들은 어떨까?

베트남인의 금고 사랑은 유명하다. 집집마다 금고를 보유해 현금을 직접 보관하거나, 달러·금을 선호하는 습관이 남아 있을 정도다. 이는 전쟁과 화폐 개혁, 예금 몰수 등에 대한 불신이 원인이라는 해석도 있다. 최근 젊은 층을 중심으로 전자 지갑·QR 코드 이체 같은 결제 서비스가 늘고 있고, 정부에서도 캐시리스Cashless 정책을 적극적으로 펼치고 있지만 여전히 금융 기관 자체를 믿지 못하는 사람들이 많다.

더 열악한 국가들은 어떨까? 실제로 2021년 세계은행 통계에 따르면 전 세계 금융 계좌 보유율은 76%, 개발도상국은 71%에 이르지만, 아프가니스탄(약 9.65%), 이라크(18.57%), 파키스탄(20.98%) 등은 여전히 크게 뒤떨어져 있다. 이처럼 금융 접근성이 낮은 사람들은 "ATM에서 현금을 찾고, 계좌 이체를 한다"는 당연한 일도 어렵다. 국가 차원에서도 국제 무역에 장벽이 생겨 경제 성장이 저해된다.

이러한 상황에서 비트코인 같은 암호화폐가 하나의 대안으로 떠올랐다. 비트코인 네트워크는 분산된 노드가 동일한 데이터를 공유하므로, 누군가 다른 사람에게 비트코인을 송금하면 1시간 이내에 그 거래가 블록체인에 기록·검증된다. 이를 임의로 취소하거나 중복으로 지불하려 해도, 네트워크 내 노드들이 과거 데이터를 모두 함께 저장하고 검증하기에 무효화된다.

2장에서 언급된 내용을 되짚어보자. 비트코인 네트워크상에서 예를 들어 철수가 영희에게 5개의 비트코인을 송금했을 경우, 해당 거래 데이터는 블록체인에 기록되어 보통 1시간 이내에 완결된다. 이는 단순히 철수와 영희만 기억하고 끝나는 것이 아니라 네트워크에 참여하는 모든 노드가 정보를 각자 저장한다. 철수가 5개의 비트코인을 영희에게 전송한 사실을 의도적으로 숨기고 해당 거래를 다시 진행하더라도, 비트코인 네트워크에 참여하는 노드들이 해당 데이터의 오류를 발견하고 거래를 진행시키지 않는다. 즉, 거래가 발생하는 시점에 이미 관련 데이터를 검증하여 더욱 안전한 것이다.

정리하면, 비트코인은 거래 시점에 이미 검증을 마치므로 추후 청산 과정에서 문제가 발생하지 않는다. 기존 금융 시스템에서 "정부와 은행의 신뢰"로 유지하던 인프라를, 비트코인 네트워크는 "분산된 노드의 상호 검증"으로 대체했다. 어떤 국가든 인터넷만 연결되면 참여할 수 있어, 자국 금융 시스템이 취약한 나라에서도 비트코인을 즉시 활용할 수 있다.

물론 "아무 도구도 없이 물고기를 잡을 수 없다"는 지적처럼, 실제 비트코인을 사용하려면 최소한 스마트폰·인터넷, 현지 환전소(혹은 비트코인 ATM) 등이 필요하다. 하지만 2018년 PEW 리서치에 따르면 신흥국 스마트폰 보급률이 40% 이상에 달했으니, 생각보다 많은 사람이 비트코인 네트워크에 접근 가능하며 2025년 현재에는 네트워크 접근성이 더욱 확대되었을 것으로 예상된다.

비트코인 ATM 또한 전 세계에서 점차 늘고 있다. 2023년 10월을 기준으로 전 세계 70개국에 32,445대가 설치되어 있다. 대부분 북미·유럽에 집중되어 있지만, 남미·아프리카 지역에서도 조금씩 확대되는 추세이다. 이 기기를 통해 현지 화폐로 비트코인을 구매하거나, 비트코인을 판매해 현금을 얻을 수 있다.

비트코인 ATM은 단순히 비트코인을 전송하기 위한 장치가 아니다. 이는 해당 지역의 화폐로 비트코인을 즉시 구매하거나, 보유한 비트코인을 판매하여 현금화할 수 있도록 설계되었다. 누구나 비트코인 ATM에서 원하는 금액의 비트코인을 설정하고, 수수료가 포함된 총 거래 대금을 입금하면 사용자의 지갑 주소로 비트코인이 전송되는 방식으로 작동한다.

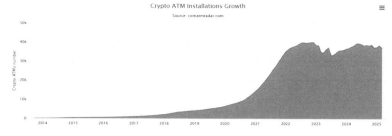

가상화폐 ATM 기기 설치 성장 지표

출처 : coinatmradar.com

　아프리카에서는 이미 소매업체 'Pick'N Pay'가[1] 3개월 테스트 후, 2023년 2월부터 남아공 모든 지점에서 비트코인을 결제 수단으로 받고 있다. 이처럼 금융 인프라가 부족한 아프리카 지역에서 비트코인이 빠르게 확산되는 중이며, 무역 성장에도 긍정적인 영향을 준다는 평가가 있다. 개인 간 비트코인 거래 플랫폼 'Paxful' 통계에 따르면, 2020년 4월 한 달간 나이지리아에서만 1,500만 달러 규모의 P2P 비트코인 거래가 이루어졌다.[2] 개발도상국에서 비트코인이 금융 인프라를 대체한다는 점에서 그 향후 발전 양상이 주목된다.

　이렇게 전 세계 곳곳에서 비트코인이 어느 정도 '금융 인프라' 역할을 수행하기 시작했다. 이는 곧 블록체인이 보유한 신뢰 프로세스의 시작점이며, 이렇게 구축된 신뢰 레이어를 기반으로 새로운

1　단순히 식료품이나 생필품을 구매할 때 비트코인을 사용할 수 있다는 것이 아니라, 지방세, 전기세 등 기타 비용까지도 비트코인을 통해 결제가 가능하다고 한다.

2　나이지리아에서만 2020년 4월 한 달 동안 개인 간 비트코인 거래가 1,500만 달러를 기록했다고 한다. 또한 체이널리시스의 분석에 따르면, 2022년 7월부터 2023년 6월까지 비트코인 거래대금 중 사하라 사막 이남 아프리카 지역에서 발생한 양이 전체의 9.3%를 차지하며 전체 지역 중에서 1위를 차지했다고 한다.

애플리케이션과 도구들이 등장하고 있다.

스테이블코인 : 블록체인 대중화의 출발

앞 장의 비트코인 사례를 보면, "비트코인 가격은 여전히 변동성이 심한데, 이를 결제 수단으로 사용할 수 있을까?"라는 의문이 남을 수 있다. 미국 등 주요국에서 비트코인 ETF를 승인하는 등 제도권 편입이 진행되고 있으나, 비트코인은 여전히 법정화폐와 비교했을 때 상당히 불안정한 자산임이 틀림없다.

이러한 이유로 법정화폐 가치를 추종하는 스테이블코인에 대한 수요가 점차 늘어났으며, 이는 전 세계에서 가장 활발하게 사용되는 블록체인 관련 서비스로 자리매김하게 되었다.

스테이블코인은 법정화폐의 가치를 다양한 방식으로 추종하여 실제 법정화폐 하나와 토큰 하나가 같은 가치를 갖도록^{pegging} 한다. 대표적인 사례로 달러 가치를 추종하는 USDT, USDC 등이 있다. 이러한 스테이블코인을 발행하기 위해서는 원하는 수량만큼 달러화를 입금해야 하며, 반대로 보유한 스테이블코인을 반환할 경우 해당 가치만큼 달러화를 돌려받게 된다.

이러한 메커니즘 덕분에 USDT, USDC 등은 사실상 1달러와 동일한 가치로 간주되기 시작했고, 달러화 접근이 어려운 개발도상국에서 스테이블코인은 빠르게 일상생활에 자리 잡았다.

체이널리시스^{Chainalysis}에 따르면 2023년에서 2024년 사이 사하라 이남 국가들의 소매 규모 스테이블코인 거래액은 전년 대비 크게 증가했으며, 특히 에티오피아에서는 그 상승률이 180%에 육박

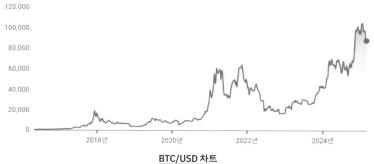

BTC/USD 차트

출처 : google.com/finance

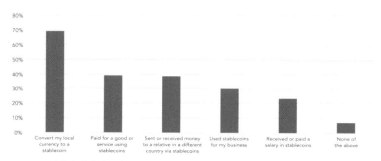

사하라 이남 아프리카에서 소매 규모 스테이블코인 거래의 전년 대비 성장률

출처 : chainalysis

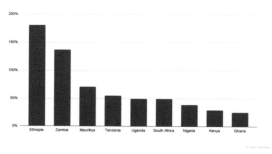

Stablecoins : The Emerging Market Story

출처 : castleisland.vc

한다. 이는 아프리카 대륙 내 스테이블코인 활용도가 상당히 높다는 점을 보여준다.

물론 몇몇 독자는 스테이블코인이 탈중앙화 금융Decentralized Finance, DeFi과 같은 실생활과 거리가 먼 투자 활동에만 사용되는 것이 아닐까 하는 의문을 제기할 수 있다. 놀랍게도 나이지리아, 인도네시아 등에 사는 사람들을 대상으로 한 설문조사에 따르면, 이들은 실생활 목적으로 스테이블코인을 이용했으며, 주된 이유는 자국 화폐를 달러로 환전하기 위함과 상품이나 서비스 결제 대금 지불이었다.

스테이블코인의 도입은 개발도상국에만 국한되지 않는다. 국내 한 언론사의 정부 관계자 인터뷰에 따르면, 국내 무역 거래의 10%가 스테이블코인으로 이루어지는 것으로 추정된다고 한다. 국제 무역 대금의 지급부터 수취까지 SWIFT 활용 대비(2~5 영업일) 즉시 정산이 가능하며, 신고 또한 필요 없어 서류 작업이 요구되지 않는 것이 그 배경으로 보인다.

비자VISA에서 발표한 보고서[3]에 따르면 전 세계에서 스테이블코인을 활용한 결제는 빠르게 확산되고 있으며, 그 거래 대금은 2023년 기준 페이팔PayPal을 뛰어넘었다. 이러한 성장세를 고려했을 때 스테이블코인을 활용한 결제가 새로운 표준이 되어 우리 일상생활 속에 녹아들 날이 머지않을 것으로 예상된다.

---

3   다만 VISA는 해당 결제 대금이 모두 국제 송금이나 실물 상품 및 서비스에 의해 발생한 것은 아니며, 블록체인상 DeFi 서비스 등에 활용되는 부분을 제외한다면 사람들에 의한 실질적 결제 대금은 위 수치의 약 10% 정도로 추정하고 있다. 그럼에도 불구하고 스테이블코인 시장 자체가 폭발적으로 성장하고 있음은 그 누구도 부정할 수 없는 사실이다.

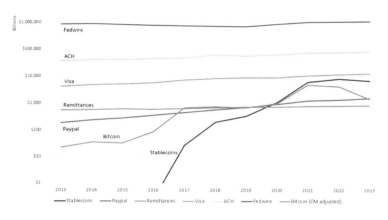

Annual volume of Bitcoin/stablecoins vs other financial systems

출처 : corporate.visa.com

지금까지 블록체인이라는 결제 네트워크를 활용한 사례들을 살펴봤다면, 다음 장부터는 블록체인이라는 신뢰 레이어를 바탕으로 발생한 서비스와 사용 사례들을 확인해보도록 하겠다.

버블 그 후, NFT와 게임

• 버블 그 후 – 가치를 찾아가는 NFT

한때 NFT를 발행하기만 해도 '완판' 소식이 이어지고, 기업이 'NFT 사업'을 발표하면 주가가 뛰어오르던 시절이 있었다(2021년). 하지만 그 이후 NFT 시장은 과거의 영광을 잃고, 투기적 수요에 의존하던 프로젝트 상당수가 제대로 된 활용처 없이 사라졌다.

특히 최근 NFT 시장은 'NFT를 왜 사야 하는가'라는 질문에 답해줄 실용적 가치를 제시하지 못하면 시장에서 외면받는 분위기다.

따라서 NFT 사업을 검토하는 기업이라면 토큰 구매자가 얻을 유틸리티를 고민하거나, NFT가 해결할 수 있는 문제에 집중해야 한다.

이런 맥락에서 기존 사업에 노하우가 있는 대기업의 블록체인 진출이 대중화의 열쇠라는 주장도 있다. 대기업은 신사업·홍보 효과를 위해, 혹은 캐릭터 NFT, 멤버십 NFT 등을 발행해 온·오프라인 혜택(할인권·굿즈 제공 등)으로 커뮤니티를 구축하거나 고객 유지 마케팅 등 다양한 시너지[4]를 목적으로 NFT를 기반으로 한 신사업 기회를 모색한다.

NFT는 예술·브랜드·게임 아이템·실물 자산 등 다양한 기초 자산을 기반으로 만들 수 있다. 기업들은 캐릭터 NFT, 티켓·멤버십 NFT 등을 발행해 온·오프라인 혜택(계열사 할인, 굿즈, 이벤트 참석권 등)을 제공함으로써 고객 유지와 커뮤니티 형성에 활용한다. 아래는 웹2 기업이나 조직이 NFT를 도입한 대표 사례들이다.

사례 1. 스타벅스 오디세이

스타벅스는 '제3의 공간' 철학을 디지털로 확장하기 위해 2022년 12월 '스타벅스 오디세이Odyssey'라는 블록체인 리워드 프로그램을 시도했다. 음료 구매나 퀴즈·미션 완료 시 'NFT 스탬프'를 지급하고, 모은 포인트에 따라 커피 클래스·굿즈·기부 등 다양한 보상을 제공한다.

---

4   신규 투자 유치, 사업화 영역 확장, 신규 사용자 유입, MZ세대 고객 확보, 고객 니즈 파악, 마케팅 비용 절감, 타 웹3 슈퍼 프로젝트 파트너십 유치, 커뮤니티 형성, 브랜딩 강화, 브랜드 리포지셔닝, 고객 관리 역량 강화(사용자들의 기대감, 참여감, 소속감 형성, 몰입도와 충성도 증대 등), 무형 자산의 상품화를 통한 기업 자산 가치 증대 등

흥미로운 점은 NFT라는 단어가 낯선 고객을 위해 '스탬프'라는 표현을 사용했다는 것이다. 이처럼 대중화를 위한 세심한 전략이 돋보였고, 이용자들의 참여도 역시 높았다. 스타벅스 본사 관계자는 "NFT가 예술·커뮤니티·수익 측면에서 의미가 있으며, 디지털 세계와 현실을 연결한다"라고 강조하기도 했다.

비록 2024년 3월에 베타 서비스가 종료되었으나, 스타벅스가 추구하던 '사용자 경험 확장'과 '브랜드 로열티 강화'라는 목적은 주목받았다. 또한 기업 내부 행사Innovation Expo나 임직원 온보딩Project Spark에도 NFT를 접목해 사내외 커뮤니티 활동을 디지털로 확대했다. 국내에서도 오디세이 관련 이벤트가 개최되며 재구매율의 핵심 동력으로 작용하기도 했다.

스타벅스가 지정한 친환경 미션을 수행하면 'Doing Good Journey Stamp'를 얻을 수 있다. 또한 오디세이 홈페이지나 니프티게이트웨이Nifty Gateway에서 NFT를 거래할 수도 있었다. 보상은 포인트에 따라 커피 클래스 참여, 커피나무 이름 짓기, 기부, 무료 음료 제공, 실물 굿즈(다이어리, 콜드컵, 한정판 티셔츠, 가방) 증정 등 다양했다. 스타벅스는 NFT를 활용해 기업의 역사, 커피 공급망, 브루잉 방법 등을 교육하고, 고객의 커피 취향 데이터를 수집했다. 또한 구매 관련 활동을 미션에 포함해 고객이 스타벅스를 반복 방문하도록 유도했다.

사내 기술 컨퍼런스인 'Starbucks Innovation Expo[SIX]'에서도 NFT를 배지로 활용해 행사의 몰입도를 높였다. 참석자들은 컨퍼런스 곳곳에 흩어져 있는 최대 11개의 NFT를 수집할 수 있었으며, 이를 'SIX Trust Tokens'라고 불렀다.

스타벅스코리아는 아시아 최초로 2024년 1월, 사이렌 오더를 통해 개인 컵으로 에코 스탬프를 적립하는 미션을 달성하면 스타벅스 NFT를 지급하는 이벤트를 진행했다. 2주간 발급된 에코 스탬프는 60만여 개에 달했으며, 스타벅스를 운영하는 SCK컴퍼니에 따르면 해당 기간 사이렌 오더로 개인 컵을 선택한 주문은 전년 동기 대비 49% 증가했다.

사례 2. NFT 티켓, 장범준 공연

2024년 2월 열린 "현대카드 Curated 92 장범준: 소리 없는 비가 내린다" 공연은 전량 NFT 티켓을 발행해 암표 거래를 막았다. 기존 예매분을 취소하고 추첨제로 진행했으며, 모던라이언Modern Lion, 블록체인 활용 티켓팅 솔루션의 NFT 마켓플레이스에서 전송·재거래가 차단된 티켓을 발행했다. 공연 입장은 QR코드로 이루어졌고, 행사 후에는 1분 30초짜리 공연 영상을 NFT 에어드랍으로 제공하여 관객 경험을 확장했다.

보통 NFT는 개인 간 거래가 쉽지만, 여기서는 교환·양도를 아예 금지하는 코드를 삽입해 악용을 차단했다는 점이 주목할 만하다. 모던라이언의 NFT 마켓플레이스 '콘크릿'에서 전송과 재거래를 막는 코드를 심어 양도가 불가능하게 설정했으며, 실물 지류 티켓 없이 QR코드만으로 입장이 가능했다.

사례 3. Courtyard : Collect on Your Terms

음반 판매량의 주축인 아이돌 포토카드 마케팅과 포켓몬 스티커(띠부씰) 인기 선례를 통해 우리는 '카드 수집'의 열기와 '완성'에 대한 욕망을 이미 알고 있다. Courtyard는 실물 카드의 NFT화를 가능하게 하는 흥미로운 프로젝트다.

'Courtyard : Collect on Your Terms'는 포켓몬 카드 등의 물리적 수집품을 NFT화하는 마켓플레이스다. 포켓몬뿐 아니라 야구, 마블 등 다양한 수집 카드를 여러 방식으로 거래할 수 있게 돕는다. 실제 수집가들이 가지고 있는 PSA에서 감정된 포켓몬 카드, 희귀한 신발, 시계, 스포츠 카드 등을 토큰화하고, 2차 시장 거래에서 영구적인 로열티를 획득할 수 있게 한다.

Courtyard는 2023년 8월 런칭 이후 2024년 7월 기준 4,800명의 홀더가 있는 신규 프로젝트다. 수집욕을 자극하는 카드 시장이 진정한 '소유'를 가능하게 하는 블록체인과 적합한 매력적인 아이디어이기에 가볍게 소개한다. (https://courtyard.io/about)

사례 4. 일본 야마코시 마을과 비단잉어 NFT

나가오카시 야마코시 마을(인구 800명)은 2004년 대지진 이후 많은 주민이 지역 밖으로 생활 거점을 옮겨 고령화가 심화되었다(고령 인구 비율 55% 이상). 2,000명이 넘던 지역 주민은 2023년 기준 800명대로 감소했다.

2004년 대지진 이후

이대로라면 야마코시 마을이 사라져도 이상하지 않은 상황이었다. 남은 주민들은 마을의 생존을 위해 NFT 프로젝트를 만들었다. 마을의 상징인 '비단잉어니시키고이'를 디지털 아트로 표현하고, 북유럽 에스토니아의 e-Residency전자 국민 아이디어를 벤치마킹해 니시키고이 NFT를 마을의 디지털 주민등록증으로 삼았다.

비단잉어 NFT는 디지털 주민등록증처럼 발행되어, NFT 홀더를 "비공식 주민"으로 초대하고 함께 지역 활성화를 꾀하는 프로젝트다. 실제 주민등록증과 연동되지는 않지만, NFT 보유자를 야마코시 마을에 협력할 동반자로 간주해 비공식적 디지털 주민으로 인정한다. 만 명의 디지털 주민을 모아 이들의 지혜, 네트워크, 자원이 모여 독자적인 거버넌스를 구축해 지속가능한 새로운 야마코시를 만드는 것이 목표다.

마을 행사와 DAO탈중앙화 자율 조직 투표 등에 참여 가능하며, 이미 디지털 주민이 오프라인 주민 수를 넘어섰다. 야마코시 DAO는 디지털 공간뿐 아니라 현실 세계와도 융합되어, NFT 보유자는 실제 야마코시에 방문해 주민들과 교류할 수 있다. "NFT로 지역사회를 살린다"는 신선한 사례로 주목받고 있다.

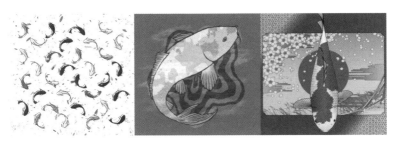

홈페이지 : https://nishikigoinft.com/
오픈씨 NFT : https://opensea.io/collection/nishikigoi-nft

지금까지 NFT를 활용한 웹2 사례들을 알아보았다. 블록체인 사업을 통해 웹2 시장 플레이어가 얻을 수 있는 장점이 명확하다면 사업을 시작할 수 있지만, 컴플라이언스와 규제 이슈를 해결하며 나아가야 한다. 특히 NFT가 가진 탈중앙성, 데이터 주권과 같은 가치는 기존 비즈니스와의 융합 과정에서 충돌이 예상된다. 그럼에도 웹2와 NFT 모델의 결합이 더 늘어난다면, 블록체인 대중화는 가속화될 것이라 믿는다.

• 게임, 블록체인 대중화의 열쇠

블록체인 대중화의 키워드로 게임을 꼽는 이들이 많다. 콘솔·PC·모바일·VR·AR 등 신기술이 나올 때마다 게임이 접목되어 함께 발전해왔기 때문이다. 블록체인 업계도 웹3 물결과 함께 게임 분야에서 시너지를 기대하고 있다. 실제로 에픽게임즈^{Epic Games}, 넥슨, 컴투스홀딩스 같은 대형 게임사가 웹3 게임 출시와 관련 사업을 적극적으로 진행 중이다. 이들이 블록체인 활용을 통해 기대하는 새로운 가치는 크게 세 가지로, ① 아이템의 소유권 보장, ② 게임 간 상호운용성 향상, 그리고 ③ 토큰을 통한 참여 동기 촉진과 IP의 자산가치 강화다.

가장 큰 화두는 게이머의 아이템 소유권 보장

기존 게임에서는 게임 내 모든 자산(아이템, 캐릭터, 화폐 등)이 게임사에 귀속된다. 예컨대 이용자가 현금을 주고 산 아이템도 법적 소유권은 게임사에 있으며, 특히 각종 약관을 보면, 이용자는 "회사(게임사)가 정한 조건"으로만 그 자산을 이용할 수 있다고 명시되어 있다.

결국 게임 서버가 닫히면 아이템도 사라진다. 이런 구조에도 불구하고, 사용자들은 게임 내 재화를 얻기 위해 막대한 돈을 쓴다. 예를 들어, 국내 게임사인 엔씨소프트의 2019~2020년 매출 중 약 89%가 아이템 판매에서 발생하기도 했다. 또한, 1조 원 이상 규모의 아이템 현금 거래가 이루어진다는 추정도 있으며, 개인 간 비공식 거래까지 합치면 실제 규모는 더 클 것이다.

위 그래프는 엔씨소프트의 2019년, 2020년 매출 구성이다. 2021년부터는 아이템 판매액 공시가 누락되어 확인할 수 없기 때문에 2019, 2020년 매출 구성으로 파악했다.

이처럼 게임 사용자들의 시간과 비용은 계속해서 소비되고 있으나, 법적 해석부터 관례까지 실상은 대여에 가깝다. 심지어 2009년 대법원 판례로 "게임 머니·아이템 거래 자체는 불법이 아니

단위 : 백만원   ■ 2020   ■ 2019

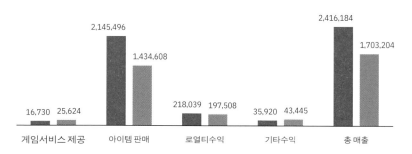

엔씨소프트 매출 구성

출처 : 금융감독원 DART

다"라고 판시했지만, 여전히 게임사 약관에 의해 현금 거래가 제한 되는 상황이다. 즉, 사용자가 들인 시간과 노력이 법적 테두리 내에 서 제대로 인정받지 못하는 셈이다.

게임에서의 블록체인 도입은 이러한 소유권 분쟁 문제를 효과 적으로 해결할 수 있다. 블록체인 기술과 공동 노드에 의해 이론적 으로 영원한 소유권을 가진 아이템이 유지되면, 사용자는 해당 게 임 자산의 소유권을 보장받고, 게임사는 초기 창작자로서 거래가 이루어질 때 로열티 등 수수료 수취라는 새로운 수익원을 기대할 수 있게 된다. 이는 기술 발달로 사용자와 게임사 모두가 상생할 수 있는 환경이 조성되는 것이다.

대표적인 방법이 게임 내 토큰과 NFT대체 불가능 토큰의 도입이다. 게임 내 NFT 재화는 사용자에게 영속적인 소유권을 부여하고 거 래의 자율성 또한 보장하여 사용자의 효능감을 증진시킨다. 비록 국내 게임산업법은 게임에서 얻은 재화를 현금과 거래할 수 없어

P2E^{Play to Earn}, 마켓플레이스 개설이 어려운 상황이지만, 게임사 입장에서도 공식적인 2차 판매 시장을 개설하는 방식으로 로열티(거래 수수료) 비즈니스 모델을 도입해 사업 분야의 다각화를 모색할 수 있다. 또한 게임 내 거버넌스 토큰을 도입하는 등 인센티브를 통해 게임 참여도를 높이는 것도 효과적인 전략이다.

블록체인을 통한 확률형 아이템의 논란 종결

랜덤 가챠, 주사위 굴리기, 아이템 강화, 캡슐 뽑기 등 인게임 재화는 임의성이 부여된 확률에 따라 지급된다. 그러나 거의 모든 과정이 비공개된 게임사 자체 서버에서 이루어지기 때문에 사용자가 이를 투명하게 확인할 수 없다. 심지어 국내외 일부 게임사는 확률을 전혀 공개하지 않거나, 공개된 확률보다 더 낮은 확률로 인기 아이템을 제공하기도 해 큰 논란이 되었다.

국내에서는 문화체육관광부가 2024년 3월에 확률형 아이템 정보 공개를 의무화했으나, 여전히 이를 검증하기 위해서는 게임사 감시와 별도의 전담 모니터링이 필요하다. 사람과 절차에 의존한 해결 방안이라 본질적인 문제를 해결했다고 보기는 어려운 실정이다.

온체인(블록체인) 게임에서는 랜덤 확률에 대한 불투명성 문제가 더욱 효과적으로 해결될 수 있다. 모든 계약과 거래가 공개되고, 암호학을 기반으로 한 '검증 가능한 랜덤 함수^{Verifiable Random Function, VRF}' 혹은 랜다오^{RANDAO}와 같은 랜덤 확률 부여 메커니즘이 활발하게 연구되어 왔기 때문이다.

커뮤니티 주도의 IP 확장성 기대 가능

지속 가능하고 확장성 높은 게임 생태계를 만들기 위해서는 자체 콘텐츠 외에 사용자들에 의해 파생되는 다양한 2차 창작 활동User Generated Contents을 장려해야 한다. 마인크래프트Minecraft는 이러한 전략으로 2024년 기준 20조 달러의 매출을 올렸으며, 폴아웃Fallout은 이 전략을 바탕으로 20년째 장수하는 타이틀로 자리매김하여 2024년에는 TV 시리즈까지 IP를 확장하는 성과를 거두었다. 정보를 공유하는 포럼 커뮤니티부터 팬아트, 게임 방송 영상, 코스프레, 굿즈 제작에 이르는 2차 창작물의 활성화는 팬덤 확보와 함께 IP의 수명을 연장하는 효과를 기대할 수 있는 효과적인 전략이다.

그러나 기존 게임별로 고립된 각각의 생태계에서는 2차 창작이 권장되어도 본 게임과 파생 생태계가 호환되기 어려웠다. 웹3 기술이 구현하는 게임 생태계는 시대를 초월하는 게임-IP를 만들어낼 수 있다. 사용자가 아이템을 NFT로 발행하고, 사용자들이 만드는 콘텐츠가 지속적으로 탈중앙화 애플리케이션DApp 형태로 구축된다면 어떨까? 블록체인 기술을 통해 창작자들을 연결하여 콘텐츠의 경계를 넘나드는 새로운 즐거움을 선사하고, 사용자들이 아이템을 진정으로 소유하며 그 활용 범위를 확장할 수 있다. 무엇보다 토큰 보상을 통한 외재적 동기 부여로 다양한 구성원이 2차 창작에 참여하도록 사용자 행동을 설계할 수 있다.

지속 가능한 게임은 게임 콘텐츠뿐 아니라 다양한 문화 영역의 콘텐츠로 소비되며 IP 확장을 이루고, 팬들의 2차 창작을 통해 파생 생태계를 견고히 한다. 블록체인은 중앙화된 주체가 독점하던 데이터나 보상을 사용자들에게 탈중앙적으로 분배한다는 철학을 바탕으로 한 기술이다. 블록체인을 게임 업계에 접목하면, 게임 사용자들의 2차 창작 등 활발한 생태계 기여에 보상을 통해 동기를 부여하고 IP 가치를 강화하기 용이하다. 많은 과제가 남아 있지만, 웹3 게이밍 분야가 대중의 진입 장벽을 낮추고 새로운 재미와 경험을 창출하여 블록체인 산업의 부흥을 이끌 날을 기대한다.

DeFi : 탈중앙 금융의 부상

• 디파이를 정의하다

디파이^{DeFi}란?

디파이^{DeFi}의 사전적·통상적 의미는 'Decentralized Finance', 즉 블록체인상에서 제3자 개입 없이 이루어지는 금융 활동을 뜻한다. 쉽게 말해 "스마트 컨트랙트를 통해 가능한 블록체인 금융 전반"이다. 기존 금융은 대체로 중개자(은행·기관)에 대한 신뢰를 전제로 예금·대출 등이 이루어지며, 이때 발생하는 여러 비용을 '신뢰비용'이라고 부른다. 예컨대 한 개인이 유휴 자금을 대출해 주려 해도, 대출 계약서 작성·법적 분쟁 시 처리 비용이 커서 은행에 맡기는 편이 나을 것이다.

그런데 만약 이런 금융 활동을 사람 개입 없이 자동화된 스마트 컨트랙트로 구현하고, 별다른 오류 없이 이용할 수 있다면 어떨까? 금융기관이 가져가는 수수료보다 훨씬 낮은 신뢰비용만으로 기존과 유사한 편익을 누릴 수 있을 것이다. 이것이 디파이의 핵심이자, 블록체인 업계가 디파이에 주목하는 이유다.

스마트 컨트랙트와 신뢰

디파이 서비스를 구현한 스마트 컨트랙트는 블록체인에 기록되며, 한번 기록되면 수정이 어렵다. 누군가 대규모 예금을 모은 뒤 컨트랙트를 임의로 조작해 자금을 빼돌릴 수 없다는 뜻이다. 또한 컨트랙트 코드가 온체인에 공개되므로[5], 악의적인 함수를 삽입해도 쉽게 발각될 가능성이 크다. 물론 일반인이 코드를 전부 검토하기 어렵고, 해킹이 발생할 위험도 무시할 수 없다. 그럼에도 이러한 사례들을 반면교사 삼아 새로운 기술적·운영적 방식들이 계속 시도되고 있다. 이처럼 디파이는 여전히 블록체인 최대 섹터이자, 가장 빠르게 발전 중인 분야다.

결합성 Composability과 상호운용성 Interoperability

디파이가 지향하는 가장 중요한 특성으로 결합성Composability과 상호운용성Interoperability이 있으며, 이 두 가지 특성으로 인해 디파이 프로토콜을 마치 머니 레고Money Lego, 레고처럼 조합해 수익률을 극대화하는 작업처럼 활용할 수 있다. 각각의 의미는 조금씩 다르지만 하나의 흐름으로 설명할 수 있다. 대표적인 사례가 현재 EVM에서 동작하는 토큰의 표준인 ERC-20이라는 규격이다.

　모든 ERC-20 토큰은 9개의 함수와 2개의 이벤트를 가지며, ERC-20 규격의 토큰들은 모두 동일한 함수를 통해 전송하거나 사

5　실제로는 코드가 모두 공개되지 않고, 실행 환경에서 구동되는 OPCODE 단위의 바이트코드로 컴파일된 코드가 공개된다. 다만 코드를 공개할 경우 공개된 코드의 컴파일된 해시값과 배포된 컨트랙트의 컴파일된 해시값이 일치하는지 여부로 오픈소스로 공개된 코드와의 합치 여부를 확인할 수 있다.

용 승인을 할 수 있다. 또한 같은 스마트 컨트랙트를 통해 여러 토큰을 동일하게 처리할 수 있다. 만약 모든 토큰이 서로 다른 규격을 가진다면 각각의 규격을 따르는 스마트 컨트랙트를 수없이 만들어야 하며, 각 규격별로 상이한 기술적 한계로 인해 재사용성이 크게 떨어질 것이다.

ERC-20의 주요 특징은 다음과 같다:

1. 표준화 : 모든 ERC-20 토큰이 동일한 인터페이스를 구현하므로, 서로 다른 토큰을 동일한 방식으로 호출할 수 있다.
2. 재사용성 : 탈중앙 거래소DEX, 대출렌딩 프로토콜 등 디파이 서비스에서 ERC-20 인터페이스만 지원하면 다수의 토큰을 일관되게 다룰 수 있다.
3. 승인/전송 메커니즘 : 토큰 소유자가 approve 함수를 통해 한도 amount를 설정하면, 지정된 spender컨트랙트/사람가 자유롭게 transferFrom을 호출할 수 있다.

이렇게 ERC-20과 같은 여러 표준이 동일한 실행 환경 내에서 정의되면서 탄생한 순기능이 결합성 Composability[6]과 상호운용성Interoperability[7]이며, 이를 바탕으로 여러 디파이 서비스가 유기적으

---

6 결합성(Composability) : 각 구성 요소가 유기적으로 연결되고 선택될 수 있게 하는 특성이다. 이더리움 네트워크의 WETH를 여러 프로토콜이 공유하여 사용하는 것이 대표적인 예시다. 이를 통해 특정 구성 요소의 재활용과 선택적 채택이 가능해진다.
7 상호운용성(Interoperability) : 하나의 시스템에서 생성된 정보를 다른 시스템에서도 활용할 수 있는 특성이다. 오라클이나 브릿지와 같은 기술이 이러한 특성을 잘 보여준다.

로 연결되어 더욱 고도화된 금융 서비스를 구현해 나가고 있다.

이제부터는 디파이의 각 구성 요소에 대해 살펴보고자 한다. 들어가기 전, 여기서 소개하는 내용은 어디까지나 일반적인 분류에 해당하는 것이며 각 블록체인 네트워크별, 각 프로토콜별로 차이가 있을 수 있다. 따라서 실제 사용 시에는 사전에 각 특성을 완전히 이해하고 시도할 것을 당부한다.

탈중앙화 거래소 – DEX

탈중앙화 거래소Decentralized Exchange, DEX는 디파이DeFi의 가장 기본적인 요소라고 할 수 있다. DEX는 중앙화 거래소Centralized Exchange, CEX와 대비되는 개념으로, 블록체인 위에서 AMMAutomated Market Maker과 같은 가격 발견 메커니즘을 통해 교환비가 결정되며, 하나의 토큰을 다른 토큰과 거래할 수 있는 프로토콜 또는 프로젝트를 지칭한다. 탈중앙화 거래소는 TVLTotal Value Locked, 총 예치 자산과 거래량Trading Volume을 기준으로 그 영향력을 평가하는데, 대표적인 DEX로는 유니스왑Uniswap, 커브Curve Finance, 하이퍼리퀴드Hyperliquid, 팬케이크스왑PancakeSwap, 밸런서Balancer, 에어로드롬Aerodrome 등이 있다.

DEX 중 가장 기본적인 형태인 자동화된 마켓메이커Automated Market Maker 모델을 기준으로 할 때, DEX는 거래자와 유동성 풀Liquidity Pool, LP로 구성되어 있다. A토큰을 B토큰으로 교환하기 위해서는 A토큰을 LP에 지불하고, LP에서 B토큰을 받는 방식으로 거래가 이루어진다. 모든 LP는 DEX의 스마트 컨트랙트에 예치되어 있으며, 사용자가 거래를 희망할 때 스마트 컨트랙트의 로직에 따라 가장 효율적인 방식으로 거래가 체결되고, 그 대가로 일부 수수료가 부과된다.

DEX와 CEX의 가장 큰 차이점은 거래소를 사용하기 위해 자산을 블록체인 외부 인프라에 예치하는지 여부다. 앞서 언급했듯이 DEX에서 일반적인 스왑 거래를 하기 위해서는 스마트 컨트랙트와 상호작용하여 LP에 한 토큰을 예치하고 다른 토큰을 받아야 한다. 이는 모두 블록체인상에서 이루어지므로, 한 번 거래가 실행되면 되돌릴 수 없으며, 누군가가 특정 사용자의 지갑에 예치된 자금을 임의로 처분할 수 없다.

반면 CEX에서 거래하려면 자산을 거래소가 소유한 오프체인off-chain 저장소에 예치해야 하며, 드물지만 최악의 경우 거래소의 자의적 판단에 따라 사용자의 자금이 임의로 동결되거나 처분될 수 있다. 국내의 경우 여러 규제 가이드라인을 통해 거래소가 사용자 자산에 미치는 부정적 영향이 최소화되었으나, 해외 미인가 CEX들은 간혹 사용자의 자산을 임의로 동결하거나 예치된 자산을 무단으로 활용하는 등의 사고가 빈번히 발생한다.

DEX 관련 기술적인 내용은 디사이퍼 DEX 시리즈를 참고하자

아무리 DEX가 신뢰 레이어인 블록체인 기반 서비스라 하더라도, 수많은 DEX가 존재하고 각각에서 기대할 수 있는 결과값이 다르다면 사용자 입장에서는 DEX 이용 경험이 부정적일 수밖에 없다. 이러한 문제를 해결하기 위해 등장한 것이 어그리게이터Aggregator다. 어그리게이터란 일반적으로 관련 콘텐츠를 수집하여 한곳에 보여주는 기능을 의미하는데, DEX 어그리게이터는 가장 효율적인 거래가 가능하도록 모든 DEX 데이터를 통합하여 최적화된 거래 경로를 제시

해준다.

예를 들어, A토큰을 B토큰으로 교환할 때 A→B가 아니라 A→C→B의 과정으로 거래하는 것이 더 효율적이며, 동일한 수량의 A토큰으로 더 많은 B토큰을 획득할 수 있다면, 이를 자동으로 찾아주고 하나의 트랜잭션으로 묶어준다. 또한 거래 규모가 클 경우, 자산을 분할하여 P라는 DEX에서 A의 절반을 B로 교환하고, Q라는 DEX에서 나머지 절반의 A를 B로 교환하는 경로도 제시한다.

대출 프로토콜 Lending Protocol

탈중앙화 금융DeFi 중에서도 가장 많은 투자와 연구가 집중된 분야가 대출 프로토콜이다. 전통 은행과 달리, 블록체인에서 대출은 어떻게 구현될까? 블록체인이 '신뢰 레이어'로 작동한다는 점을 떠올리면, 대출은 금융과 깊이 연계되어 꼭 필요한 기능으로 꼽힌다.

블록체인에서의 대출은 크게 두 가지 방식으로 나뉜다. (1) 담보형(차입자의 자산을 담보로 설정해, 상환이 어려우면 담보를 처분한다)과 (2) 무담보형(차입자의 경제 수준, 금융 이력을 바탕으로 신용을 평가해 대출한다)이 그것이다.

다만 블록체인 환경에서는 개인을 '지갑 주소'로 구분하며, 각 지갑 주소는 익명성을 지녀 신용도 평가가 어렵다. 따라서 첫 번째로 언급된 담보 대출이 주류가 된다. 대표적으로 아베AAVE와 컴파운드Compound 같은 프로토콜이 있는데, 여기서 사용자는 토큰을 예치한 뒤, 예치 자산 가치의 일정 비율만큼만 대출할 수 있다. 예를 들어 100달러 상당의 ETH를 담보로 맡기면 최대 약 82.5달러 가치의 토큰을 빌릴 수 있다. 실제 대출로 나가는 토큰은 프로토콜에 예치된 다른 이용자들의 자산이며, 대출 이자는 예치자에게 분배된다.

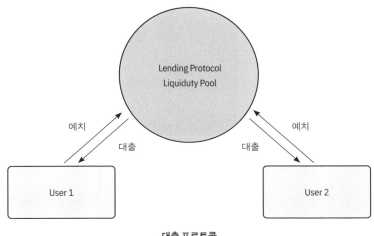

대출 프로토콜

대출 프로토콜의 핵심은 담보 가치 하락에 대한 리스크 관리다. 만약 토큰 가격이 하락해 담보로서 기능을 못하게 되면, 담보는 자동으로 시장에 매도(청산)되어야 프로토콜이 지급 불능에 빠지는 상황을 피할 수 있다. 여기서 문제가 되는 것은 "토큰 가격을 어떻게 산정하고 이후 온체인에 기록하느냐"이다. 대부분 달러 기준으로 청산을 진행하는데, 실제로 거래량은 블록체인 밖의 중앙화 거래소CEX에서 많이 발생한다. 즉, 탈중앙화 거래소DEX 데이터만으로 가격을 산정하기 어렵고, 결과적으로 외부 CEX의 시세를 블록체인 내부로 가져와야 한다.

TheBlock.co의 자료에 따르면, CEX 대비 DEX 거래량이 15%를 넘는 경우가 드물고, 대부분 기간 DEX는 CEX 거래량의 약 10% 선에 불과하다. 따라서 렌딩 프로토콜은 CEX에서 형성된 시세를 참고해야 대출 건전성을 유지할 수 있다. 이를 블록체인으로 전달하는 주체가 바로 오라클Oracle 프로토콜이다. 오라클 덕분에 디파이, 그중

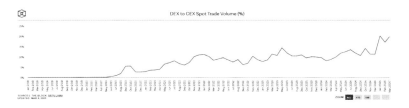

DEX to CEX Spot Trade Volume

에서도 특히 블록체인 대출이 안정적으로 작동하는 것이다.

물론 담보 대출 외에도, 무담보 신용 대출을 시도하는 프로토콜도 생겨났다. 앞서 언급된 AAVE·Compound처럼 담보를 맡기는 방식이 아닌, KYC^Know Your Customer 절차로 대출자의 신원을 확인하고 신용도를 평가해 대출하는 방식이다. 메이플 파이낸스^Maple Finance, 트루파이^TrueFi 등이 대표적인 무담보 프로토콜의 예시다. 다만, 현재로서는 KYC를 통과한 후에도 "대출 상환을 스마트 컨트랙트로 완전히 강제하기는 어렵다"는 한계에 부딪혔으나, 향후 온체인 거래 내역을 기반으로 신용 평가까지 가능해진다면 재평가될 가능성이 높다.

블록체인 대출의 꽃 : 플래시론

대출자^Lender 입장에서 가장 꺼려지는 상황은 당연히 원금을 돌려받지 못하는 것이다. 대출 사업은 이자율이 수익의 상한선인데, 원금전부를 잃을 수도 있기 때문이다. 그래서 전통 금융에서는 담보나 신용도를 꼼꼼히 심사한다.

여기서 만약 "무조건 대출을 상환해주는 사람"이 있다면 어떨까? 이자가 합리적이기만 하다면 어떤 곳이든 대출을 해주고 싶어질 것이다. 심지어 담보가 없을 때도 100% 상환이 보장된다면, 리스크가 0에 가깝기 때문이다.

이 개념을 블록체인에서 실현한 것이 '플래시론Flash Loan'이다. 이는 AAVE가 블록체인의 특수성원자성, Atomicity에 착안해 고안한 대출 서비스다.

여러 트랜잭션을 한꺼번에 실행할 때, 일부는 성공·일부는 실패하는 경우가 있다. 하지만 블록체인 트랜잭션은 원자성을 갖는다. 즉, 단일 트랜잭션 안에 여러 요청이 포함될 때, 모든 요청이 성공해야 최종적으로 실행되고, 하나라도 실패하면 전체 트랜잭션이 취소된다. 예를 들어 A 지갑에 5 ETH가 있고, B·C·D 지갑에 각각 2 ETH씩 전송하는 3개 요청을 한 트랜잭션에 묶었다고 하자. B와 C 지갑에 2 ETH씩 보내는 건 성공하지만, D 지갑에 2 ETH를 보낼 때 실패하면 전체 트랜잭션이 되돌려진다. 이를 "원자성"이라 한다.

플래시론의 작동 원리

플래시론 트랜잭션 내부에서는 '대출 → 활용 → 상환'이 모두 이루어지며, 만약 상환에 실패하면 앞서 언급된 원자성이라는 특징 덕분에 트랜잭션 자체가 일어나지 않는다. 따라서 대출 프로토콜 입장에서는 담보 없이도 손해가 발생하지 않는다.

플래시론은 다음 조건을 모두 충족할 때 실행된다:

(1) 특정 시점에

(2) 대출한 자금을 활용할 분명한 용도가 있고

(3) 그 활용으로 이자 이상의 수익을 낼 수 있으며

(4) 다시 원금을 회수할 수 있고

(5) 원금 + 이자를 즉시 상환 가능할 경우

위 다섯 가지 조건 중 하나라도 충족하지 못할 경우 트랜잭션은 실패한다. 아래의 예시를 통해 이해해보자:

1. 배경:
    a. 유니스왑에서 1 ETH = 3,500 USDT
    b. 커브 Curve 파이낸스에서 1 ETH = 3,400 USDT
2. 실행:
    a. 플래시론 트랜잭션 실행
    b. 1 ETH 대출받아 유니스왑에서 3,500 USDT에 매도
    c. 커브에서 3,500 USDT로 1.03 ETH 매수
    d. 1 ETH+이자(0.01 ETH)를 상환
    e. 나머지 0.02 ETH 차익 획득

이 과정에서 유니스왑과 커브 사이의 시세 차이를 이용해 무위험 이익을 얻고, 대출 프로토콜AAVE 등은 유휴 자산을 이자 수익으로 활용한다. 물론 플래시론은 악의적으로 취약점을 악용해 프로젝트 자금을 탈취하는 해킹 및 공격에도 쓰일 수 있지만, 기술의 도입으로 "블록체인의 원자성을 활용한 무담보 대출"이 가능해졌다는 점이 핵심이다.

　만약 플래시론이 없었다면, 차익거래를 위해서는 담보를 예치해 대출받아야 한다. 담보가 부족하면 대출 자체가 불가능하고, 이로 인해 기회가 사라진다. 극단적으로 들릴 수 있지만, 플래시론은 신뢰 비용을 제거해 새로운 형태의 대출 서비스를 창출한 셈이다.

스테이킹 유동화 Liquid Staking

스테이킹 유동화 Liquid Staking는 이더리움이 PoW 작업증명에서 PoS 지분증명로 전환한 뒤 급성장한 분야 중 하나이다. 이를 이해하기 위해 먼저 스테이킹 Staking 개념과 기존의 한계를 살펴보자.

넓은 의미에서 스테이킹이란 암호화폐를 특정 계정이나 컨트랙트에 장기간 예치하는 행위를 말한다.[8] 이 과정에서 사용자는 자산을 오랜 기간 예치함으로써 출금할 수 없는 상태에 직면한다. 따라서 사용자는 예치 기간 동안 가격 변동성에 노출되며, 이 기간 중에는 자산을 임의로 처분할 수 없게 된다. 물론 이러한 비유동성 리스크를 감수하는 대가로 사용자는 에어드랍과 같은 별도 리워드나 프로토콜 또는 디앱에서 발생한 수수료를 분배받는다.

그럼에도 불구하고 자산이 장기간 묶인다는 점, 즉 토큰의 비유동성이 스테이킹의 주요 한계로 지적되어 왔다. 이에 대한 해결책으로 등장한 것이 바로 스테이킹 유동화이다. 사용자는 스테이킹 유동화 프로토콜을 통해 스테이킹을 진행하고, 프로토콜은 거래가 가능한 증표 형태의 유동화 토큰을 지급한다. 프로토콜이 스테이킹을 대행하면서 수취한 보상은 위탁 사용자들에게 정기적으로 분배되며, 지급된 증표를 다시 스테이킹 유동화 프로젝트에 반납할 경우 이에 상응하는 자산을 되돌려받게 된다. 이처럼 스테이킹 보상은 그대로 수취하면서 비유동성 문제를 해결하자 스테이킹에 대한 수요가 크게 증가했고, 유동화 토큰이 대출 프로토콜의 담보물로

---

8 스테이킹은 불특정 다수 간 소유권(Stake)을 기반으로 합의를 이룰 때 많이 사용되며, 더 구체적으로는 프로토콜에서의 스테이킹이나 디앱의 거버넌스 투표권 행사를 위한 스테이킹 등으로 구분된다.

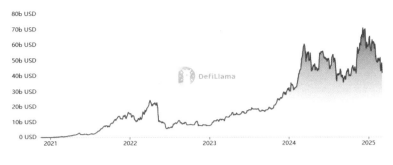

디파이라마 Liquid Staking TVL 그래프
출처 : 디파이라마

사용 가능해지면서 그 인기는 더욱 높아졌다.

이러한 혁신의 결과로, 2020년 500만 달러에 불과했던 스테이킹 유동화의 TVL^Total Value Locked, 총 예치 자산이 4년 만에 1만 배 성장하여 2024년 6월 기준 500억 달러를 기록하고 있다. 이는 디파이라마^DeFiLlama 기준 가장 높은 TVL을 보유한 디파이^DeFi 카테고리에 해당한다. 대표적인 스테이킹 유동화 프로젝트로는 리도^Lido, 로켓풀^Rocket Pool, 지토^Jito 등이 있으며, 이러한 프로젝트에 ETH와 SOL을 예치할 경우 각각 stETH, rETH, JITOSOL 등의 유동화 토큰을 수령할 수 있다. 지분증명^PoS의 자본효율성 문제를 해결하는 스테이킹 유동화 서비스는 블록체인 기술 자체에 내재된 문제를 해결하는 대표적인 혁신 사례이다.

흥미롭게도 스테이킹 유동화와 유사한 서비스가 전통 금융에도 존재하는데, 바로 '신탁'이다.[9] 신탁이란 위탁자가 신탁계약 또는 유언에 의해 자기 재산을 신탁업자인 수탁자에게 이전하고, 수탁자는 그 재산을 신탁계약에서 정한 방법에 따라 관리·처분하며, 운용 과정에서 발생한 수익을 수익자에게 귀속시키는 제도이다. 이처럼 전통 금융의 신탁 개념이 암호화폐 세계에서는 ETH, SOL과 같은 스테이킹 가능한 자산을 스테이킹 유동화 프로토콜^{Lido, Jito} 등에 예치하고 자산을 대신 스테이킹해주는 방식으로 재탄생했다. 이는 법과 제도를 통해 형성되던 신뢰의 방식이 블록체인과 스마트 컨트랙트라는 기술을 통해 발생하는 신뢰로 대체된 혁신적 사례라 할 수 있다.

RWA : 실물 자산의 토큰화

우리는 디지털 시스템을 통해 자산을 거래하고 있지만, 실제로는 디지털화된 자산을 거래하는 것이 아니다. 증권은 본래 계약의 일종으로, 실물 종이 형태의 증권이 그 유효성을 보장한다. 그러나 실물 증권을 실제로 주고받는 과정에서는 유실이나 위조의 위험이 크다. 이러한 이유로 미국에서는 DTCC^{Depository Trust & Clearing Corporation}, 국내에서는 예탁결제원이 실물 증권을 보관하며, 증권사는 일종의 장부 거래를 진행한다. 이 과정에서 주식 거래에는 결제 기간(T+2일)이 발생한다.

　이러한 시스템의 도입은 증권 및 거래의 디지털화를 빠르게 이끌어, 많은 사람이 직접 거래소나 증권사에 가지 않더라도 증권 거래를 자유롭게 할 수 있는 환경을 조성했다. 그러나 이 시스템은 과

9　다만 재산 수탁 주체가 수탁 기관을 신뢰하는 방식에는 차이가 있다. 신탁은 한 국가 체제 내에서 법과 제도를 바탕으로 재산 수탁자가 신탁업자를 신뢰하게 되는 반면, 스테이킹 유동화는 공개된 스마트 컨트랙트와 온체인 데이터를 바탕으로 사용자가 스테이킹 유동화 프로젝트를 신뢰하게 된다는 점에서 차이가 있다.

거의 아날로그 방식을 디지털로 옮긴 것에 불과하며, 여전히 정산을 위한 결제 기간이 필요하고 주식 매수 후에도 실제 증권의 소유자로서 파악하기 어려운 문제가 존재한다. 이러한 한계를 극복하기 위해 등장한 것이 증권의 토큰화이다. 이는 증권의 계약을 담는 그릇을 종이와 예탁결제원에서 토큰과 블록체인 기반 시스템으로 변경하는 것을 의미한다.

앞서 살펴본 바와 같이, 블록체인 기술 덕분에 우리는 디지털 세상에서 특정 데이터가 위변조될 수 없음을 보장받을 수 있으며, 누가 어떤 토큰을 소유하고 있는지 거래 내역을 명확히 파악할 수 있다. 이 기술은 현재 소수의 주체가 장부 거래에 책임지고 있는 것에 비해 훨씬 투명하고 공정한 자산 거래 환경을 구축할 수 있는 잠재력을 가진다. 또한 자산 발행과 관리 과정에서 발생하는 비용도 줄어들어, 법과 규제가 허용하는 범위 내에서 더 많은 기회가 열릴 수 있다. 예를 들어, 블록체인 기술을 통한 국제 송금 수수료는 기존의 6~7%에서 2~3%로 줄일 수 있다Binance Academy, Master The Crypto. 이는 연간 수십억 달러의 비용 절감을 의미한다.

또한 블록체인을 활용한 거래는 24시간 내내 가능하므로, 기존 금융 시스템에서 발생하는 시차와 화폐 조달 문제를 해결할 수 있다. 블록체인상에 존재하는 토큰을 사용하면 외부 거래소를 통해 쉽게 화폐를 마련할 수 있어 해외 투자자 유치에도 유리하다.

특히 새로운 자산의 증권화도 기대해볼 수 있다. 계약이라는 내용물을 담는 그릇이 종이에서 블록체인이라는 혁신적인 그릇으로 변경되자, 이후 새로운 내용물 또한 블록체인 안에 담길 수 있게 되었다. 크립토를 통해 다른 자산군이나 아이디어에도 경제적 가치를 부여하고 소유하며 거래할 수 있게 된 것이다. 오프체인으로만 존재하던 부동산, 원자재, 채권, 주식 등 다양한 범용 자산의 토큰화가 시도되고 있다. 여러 기관에서는 이를 RWA^{Real World Asset, 실물 자산}라 명명하며, 이렇게 토큰화된 증권들이 만들어낼 RWA 시장의 가파른 성장을 기대하고 있다. 이미 씨티은행, JP모건 등 글로벌 금융 기관에서는 RWA와 관련하여 여러 차례 시범적인 행보를 보이고 있다. 현재 부동산 시장의 규모는 2023년 기준 약 10조 달러에 달하며, 원자재 시장은 2021년 기준 약 20조 달러 규모를 형성하고 있다^{Mordor Intelligence}. 채권 시장의 경우, 글로벌 규모는 약 133조 달러로 추산된다. 이처럼 더 큰 규모의 시장이 열릴 가능성이 있으니 금융권과 블록체인 업계 모두가 주목할 수밖에 없는 것이다.

다만 블록체인이라는 기술로 RWA 자산을 토큰화하고, 이어서 토큰화된 자산을 거래하기 위해서는 블록체인상에 기록된 자산 정보가 실제 세계의 자산 정보와 정확히 일치해야 한다. 그래야만 블록체인 기반 거래에 대한 신뢰가 생길 수 있으며, 중개인이나 운영자 없이 작동하는 효율적인 자산 시장이 의미를 갖는다. 가령, 아무리 블록체인이 정상적으로 거래를 검증한다고 하더라도 해당 거래가 실제 세계와 연동되지 않는다면 아무런 의미를 갖지 못한다. 블록체인은 한 지갑에서 보유한 자산이 정말로 그 지갑의 자산이 맞는지, 그 지갑에서 거래가 발생할 때 과거 거래 정보를 모두 정확하게 반영하는지 등을 검증하지만, 지갑이 보유한 자산이 어떤 가치를 지니고 그 가치가 제대로 반영되고 있는지는 검증하지 않는다. 이는 실물 자산과 블록체인상의 데이터 간 정보 동기화 문제로, 이를 '오라클 문제^{Oracle Problem}'라고 한다. RWA가 더 큰 화두로서 블록체인과 금융을 잇기 위해서는 반드시 해결해야 할 문제 중 하나다.

이를 해결하기 위해 자산의 토큰화 과정에서 오라클 솔루션이 활용된다. 오라클을 통해 외부 데이터를 블록체인에 전달하여 자산의 실제 가치를 반영하고, 토큰화된 자산의 정확성과 신뢰성을 높인다. 이는 토큰화된 자산이 기존의 아날로그 시스템보다 훨씬 효율적이고 공정한 시스템을 구축할 수 있게 한다. 오라클 솔루션은 소수 주체가 모든 거래 정보를 독점하는 중앙화된 방식뿐만 아니라, 오라클(체인링크 등) 주체가 탈중앙화된 방식으로 정보를 전달하고 검증하는 방식 등 다양한 해결책이 존재할 수 있다.

전 세계적으로 약 8.2조 달러 규모를 차지하는 비상장 주식 거래에서도 정규 거래소에 상장되지 않은 자산은 토큰화를 통해 더 투명하고 공정하게 거래될 기회를 얻게 된다. 이러한 변화는 금융 시장에 커다란 혁신을 가져올 잠재력을 지니고 있다. 다만, 암호화폐에 대한 부정적인 이미지 때문에 블록체인 기술을 바탕으로 한 자산의 토큰화까지 부정적으로 바라보는 시각도 존재한다. 그러나 블록체인의 제도화가 진행되고 있기에, 규제 기관의 관리·감독 아래 발행되고 거래되는 토큰화 자산들은 기존 아날로그 시스템보다 효율적이고 공정한 금융 환경을 조성할 것이다.

디지털 자산 거래의 새로운 시대가 열리고 있다. 증권과 실물 자산의 토큰화는 단순한 기술적 진보를 넘어 우리 금융 체계의 투명성과 공정성을 크게 향상시킬 것이다. 이 새로운 패러다임을 통해 우리는 더 많은 기회를 누리며, 효율적이고 신뢰할 수 있는 거래 환경을 구축해 나갈 수 있을 것이다. 블록체인이 전통적인 신뢰 구조를 어떻게 대체하고 새로운 신뢰 혁명을 이끌어갈지, 독자 여러분이 함께 상상해 보는 계기가 되길 바란다.

Why Not Blockchain?

블록체인은 본질적으로 상호 간의 무신뢰를 기반으로 구축되는 새로운 형태의 신뢰 네트워크다. 그리고 이 신뢰 네트워크를 보다 견고하게 유지하고 발전시키는 핵심 도구가 바로 암호화폐이다. 만약 블록체인 시스템에서 암호화폐가 제거된다면, 신뢰 네트워크 형성을 위해서는 순수한 선의를 기반으로 한 자발적인 참여가 필요하게 될 것이다. 하지만 이는 필연적으로 참여자의 선제적인 신뢰를 요구하는 구조적 모순을 초래하여, 블록체인의 본질적 작동 원리를 약화시킬 수밖에 없다. 암호화폐와 블록체인은 본질적으로 뗄 수 없는 관계인 것이다.

블록체인 기술이 궁극적으로 추구하는 이상이 온전히 실현될 때, 비로소 무신뢰를 기반으로 하는 새로운 신뢰 층위가 완성된다. 이 혁신적 층위가 현실에 자리 잡는 순간, 우리는 '신뢰 혁명'이라는 새로운 시대를 맞이하게 될 것이다. 신뢰 혁명은 블록체인이 가져올 또 하나의 진정한 혁명으로, 이를 통해 기존 사회 시스템 내에서 신뢰 층위가 제대로 작동하지 않아 발생했던 막대한 시간과 비용의 낭비를 효율화할 수 있다.

농업 혁명, 산업 혁명, 정보 혁명 등 과거의 혁명들은 모두 인류 경제활동의 패러다임을 변화시켰다. 하지만 기존의 혁명들이 시스템의 효율성을 중심으로 진화해 왔다면, 신뢰 혁명은 인간이 신뢰를 유지하기 위해 지불했던 보이지 않는 비용을 혁신적으로 절감할 것이다. 신뢰는 모든 관계와 상호작용, 그리고 비즈니스 모델의 작동을 가능하게 하는 우리 삶의 기본 동력이다. 따라서 신뢰 혁명은 노동, 자본, 교육, 자원 배분 등 모든 분야에 걸쳐 새로운 변화를 이끌 서사가 될 것이다. 결국, 신뢰 혁명은 세계를 바꿀 새로운 변곡점이자, 인류가 새로운 차원의 가능성을 마주하는 전환점이다.

앞서 언급했던 거버넌스와 인간의 탐욕으로 얽힌 다양한 영역이 사회적 합의와 적절한 규제를 바탕으로 성공적으로 제어되고 균형을 이루게 된다면, 우리는 블록체인이 촉발할 신뢰 혁명의 실체를 직접 경험하게 될 것이다. 이 결론이 블록체인의 적절한 발전과 규제를 통해 세상에 가져올 변화의 가능성을 상상하고 탐구하는 계기가 되길 바란다.

블록체인의 여정과 신뢰 혁명의 서사를 여기서 마무리하며, 우리의 목소리가 당신에게 블록체인을 이해하는 새로운 시각과 당위성을 제공했기를 희망한다.

"Why blockchain? 왜 블록체인인가?"
그리고 이제 당신은 이렇게 물을지도 모른다.

"Why not blockchain?"

디사이퍼 학회원들이 답하다
: "Why Blockchain?"

이병헌 • 5기
AI의 발전과 더불어 우리가 살아가는 세상은 점차 디지털로 테라포밍되고 있고, 곧 도래할 디지털 시대에서 개개인의 주권과 소유권을 정당한 방법으로 증명할 수 있는 기술은 블록체인밖에 없다고 생각한다.

정재환 • 10기
블록체인은 분산 원장 기술을 통해 신뢰 문제에 대한 근본적인 해결책을 제시하며, 이를 통해 금융 시스템의 자동화에 새로운 패러다임을 제시한다.

송만섭 • 12기
누구도 믿을 수 없는 세상 속에서, 누구든 믿을 수 있는 환경이 탄생한다. 탈중앙화, 트러스트리스 같은 이유로 인해.

전경민 • 12기
블록체인은 Born to be Global 시스템이자 투명성과 개방성으로 기존 시스템들이 가지고 있던 한계와 경계를 허문다. 시대의 변화와 요구사항에 부합하는 인프라 시스템이자 플랫폼으로 내일이 더 기대되는 기술이다.

이현우 • 11기
"블록체인은 금융 거래의 자율성을 보장해 준다. 위법이 아닌 선에서 해외 송금, 결제 등의 과정이 간소화되고 보다 자유로운 금융 활동을 가능하게 한다.

정수현 • 6기
블록체인은 개인 간 신뢰를 기술로 구현한 것이고, 블록체인을 사용해야 하는 이유는 인류가 발전된 방향으로 나아가는 데 도움이 되는 기술이기 때문이다.

BQ • 9기
기존 중앙화 서버의 효율성보다 탈중앙화된 블록체인의 신뢰 시스템이 더 높은 가치를 가지는 다양한 산업에서 개인, 그리고 공동의 이익을 추구하기 위해.

전승민 • 9기
블록체인을 써야 하는 이유는, 첫

번째로는 보다 더 자유로운 금융 거래가 가능하다는 것이고, 두 번째는 인센티브 기반의 탈중앙화 앱들이 현재 사용자들에게 더 큰 가치를 가져다줄 수 있을 것이기 때문이다.

장재석 • 10기
블록체인은 개인의 주권을 보장받기 위한 수단이다. 디지털 시대에서 개인에 대한 정부나 기업의 검열을 최소화하기 위해서는 탈중앙화된 네트워크가 필요하다. 블록체인은 탈중앙화된 네트워크를 구축하는 방법으로, 이를 통해 개인은 자신의 주권을 누릴 수 있다.

박찬 • 2기
블록체인은 금융을 더 자유롭고 포용적으로 만드는 데 적합한 인프라가 될 수 있다.

이솔민 • 11기
"인간의 본능과 욕망을 철저히 이용한 신뢰 혁명, 블록체인. 'Trust but verify'를 넘어, 이제는 'Trust without trust.' 서로에 대한 신뢰를 검증하려면 신뢰 비용을 지출해야 한다. 블록체인은 무의식 속에서 지출하던 신뢰 비용에 의문을 던지고, 과감히 생략한다. 블록체인은 인간의 본능을 엮어내어 만들어진 그 무엇보다 투명한 순환 시스템이다.

안수빈 • 9기
많은 크립토 기업에서 거대 자본은 인프라를 투자하고 있지만 이는 비유하자면 인터넷 및 모바일 시대에 앞서 각기 다른 광케이블과 송전탑만 계속 설치하고 있는 것이다. 제조업/인터넷/모바일 혁명에서 대규모 수요에서 인프라 설비로 점진적으로 성장했던 사례를 바탕으로 투자와 프로젝트가 이제는 역으로 상향식(bottom-up) 접근법을 준비하고 있다고 본다.
크립토/블록체인은 지금까지 성장해온 디지털과 자본주의에서 발생한 '신뢰'에 대해 재고하는 것에서 가장 큰 의미가 있다. 특히 효용은 집단의 신뢰 레이어를 근간으로 한 '디지털 소유권'에 있다고 본다. 즉 (1) 기존 자산군 전환과 (2) 금융 편의성 증대 (3) 디지털 네이티브 객체의 가치 측정이 가장 큰 본질이다. 기술과 사회적 인식 모두 갈 길이 멀지만, (1), (2), (3)을 표방하는 프로젝트와 기업이 무수히 많이 나올 것이고, 좋은 기회를 찾아 성과를 만들 수 있는 사례가 지금보다 훨씬 더 생길 것이라 생각한다.

문보설 • 10기
블록체인은 기술로 가치를 전복하려는 시도이다. 무신뢰는 효율성 중심의 사고방식에서 탈피하여 인간의 자주성을 가치체계의 최상위에 돌려놓는다. 방직기와 증기기관, 그리고 AI에 이르기까지, 생산성의 정점으로 달려나가는 우리에게 블록체인이 던지는 물음은 걷잡을 수 없는 유행이 될 것이라고 믿는다.

박보현 • 11기

인적 오류로부터 기인하는 위험을 최소화하기 위해 블록체인을 사용한다. 많은 것이 자동화되어 가고 있는 21세기에서 중개자 없는 블록체인 거래는 신뢰로부터 발생하는 취약성을 제거할 수 있다. 결국 사람들이 원하는 것은 'Trust from Trustlessnes', 즉, '신뢰하지 않음'에서 오는 '신뢰'인 것이다.

김민석 • 3.5기

블록체인은 우리의 일상에서 마주하는 각종 재화와 권리를 증권화하고, 그 속에서 새로운 금융을 누릴 수 있도록 해주는 기술이다.

남창우 • 6기

블록체인은 신뢰를 만들어내는 새로운 방식이다. 어떤 인격이나 권위체를 신뢰하는 것이 아니라, 그들을 신뢰하지 않고 시스템의 기술적 작동을 신뢰한다. 블록체인은 비싸 보이지만 신뢰를 만들어내는 가장 저렴한 수단이다.

차이새 • 1기

인간의 희소한 것에 대한 열망은 영원하다. 편리하게 희소성을 만들어 낼 수 있는 기술인 블록체인은 인간의 본성과 연결되는 지점이 있다. 디지털화가 가속화되고 인공지능이 발달하고 세상이 더 풍요로워질수록 인간의 희소함에 대한 열망이 블록체인을 통해서 발현될 것이라고 생각한다.

김해인 • 9기

세상의 모든 문제는 두 가지 열쇠로 풀릴 수 있다. 하나는 사랑이고 하나는 신뢰. 후자는 블록체인으로 온전히 해결 가능하다. 은행이 없는 사람들에게 은행을. 소유가 어려운 때에 소유를. 블록체인 세계 내의 문제부터 현실 세계 문제 해결과 사회 실험까지. 미완의 영역이기에, 블록체인 산업에 기여할 수 있는 기회가 열려있다. 함께하시겠는가. 당신은 이유를 찾았는가?

Blair Lee • 13기

전통 금융이 중앙의 권위와 복잡한 절차에 의존해 왔다면, 블록체인은 다수 참여자의 합의로 거래를 검증하고 기록한다. 덕분에 투명성과 보안이 높아지고, 신뢰 비용도 크게 줄인다.

부현식 • 3기

블록체인은 국경 없는 금융을
만들어주는 기술이다. 국경의 의미가
희미해지는 글로벌 시대에 이 기술을
공부해볼 만한 이유는 너무나 많고,
재밌다!

조용찬 • 11기

앞으로 현실 세계의 모든 것이 디지털
세계로 건너갈 것이고, 그 새로운
세계에서 신원을 인증하거나 유무형의
데이터를 실체화하는 등 모든 곳에서
블록체인이 기반 기술로써 사용될
것이다.

최원재 • 11기

AI의 발전으로 넘쳐나는 데이터 속
진짜와 가짜의 구분이 어려워지고,
중앙 권력이 데이터를 독점하며
빅브라더의 위험이 현실화되고
있다. 결국 이 문제는 '무엇을 어떻게
신뢰할 것인가'의 문제로 귀결되는데,
블록체인은 누구도 신뢰하지 않는
'무신뢰성(trustlessness)'이라는
해결책을 제시한다.

박찬우 • 10기

블록체인은 단순한 기술이 아니라

혁신이 되어야 한다. 이를 위해서는 더
쉽고 빠르며 실용적이어야 한다. 지갑
관리는 소셜 로그인, 스마트 지갑, 자체
복구 기능을 통해 간소화해야 하며, 속도
문제는 병렬 처리, DAG, 고성능 합의
알고리즘으로 해결해야 한다. 또한,
오프체인 거래, 데이터 압축, 대체 결제
시스템을 활용해 수수료 부담을 낮춰야
한다. 결국, 복잡함을 버리고 실용성을
극대화할 때, 블록체인은 진정한 혁신이
될 수 있다.

비트코인만 알고 블록체인은 모르는 당신에게
투자와 기술의 완벽 조합 블록체인 실전 가이드

초판 1쇄 발행 2025년 3월 31일

글 서울대학교 블록체인학회 디사이퍼

펴낸이 김도형
펴낸곳 ㈜도서담 등록 제2021-000053호(2021년 2월 10일)
주소 서울특별시 강남구 테헤란로87길 36, 24층 2408호
전화 070-8098-8535
이메일 dsd@doseodam.com

ⓒ 서울대학교 블록체인학회 디사이퍼 2025
ISBN 979-11-981849-4-8 (03320)

도서담(DOSEODAM)은 독자 여러분의 소중한 아이디어와 원고 투고를 두근거리는 마음으로 기다리고 있습니다. 세상에 소개하고 싶은 아이디어가 있으신 분은 dsd@doseodam.com로 간단한 개요와 취지, 연락처 등을 보내주세요.

글을 담다, 내일을 담다.
도서담